15 €

8/2

JLRIV

30/11

D1510246

Guía práctica de
Grafología

**Lo que revela su escritura
sobre su personalidad y carácter**

Albert E. Hughes

Guía práctica de
Grafología

**Lo que revela su escritura
sobre su personalidad y carácter**

MADRID - MÉXICO - BUENOS AIRES - SAN JUAN - SANTIAGO

ST. JOHN THE BAPTIST PARISH LIBRARY
2920 NEW HIGHWAY 51
LAPLACE LOUISIANA 70068

© De la traducción: Andrés Linares
Título original: *A Guide to Handwriting and What it Reveals.*
Traducción publicada por acuerdo con Neville-Spearman, Ltd.
© 1970. By Albert R. Hughes
© 2014, De esta edición, Editorial EDAF, S.L.U., para la lengua española.
Diseño de cubierta: Marta Elzaurdía López
Ilustración de cubierta: © Marta Elzaurdía López

Editorial EDAF, S.L.U.
Jorge Juan, 68. 28009 Madrid
http://www.edaf.net
edaf@edaf.net

Ediciones Algaba, S.A. de C.V.
Calle 21, Poniente 3323 - Entre la 33 sur y la 35 sur, Colonia Belisario Domínguez
Puebla 72180 México
Telf.: 52 22 22 11 13 87
edafmexicoclien@edaf.net

Edaf del Plata, S.A.
Chile, 2222
1227 Buenos Aires (Argentina)
edafdelplata@edaf.net

Edaf Antillas/Forsa
Local 30, A-2
Zona Portuaria Puerto Nuevo
San Juan PR00920
(787) 707-1792

Edaf Chile, S.A.
Coyancura, 2270, oficina 914, Providencia
Santiago - Chile
edafchile@edaf.net

Queda prohibida, salvo excepción prevista en la ley, cualquier forma de reproducción, distribución, comunicación pública y transformación de esta obra sin contar con la autorización de los titulares de propiedad intelectual. La infracción de los derechos mencionados puede ser constitutiva de delito contra la propiedad intelectual (art. 270 y siguientes del Código Penal). El Centro Español de Derechos Reprográficos (CEDRO) vela por el respeto de los citados derechos.

Junio de 2014

ISBN.: 978-84-414-3435-6
Depósito Legal: M. 16.221-2014

PRINTED IN SPAIN   IMPRESO EN ESPAÑA
IMPRESO POR COFÁS

A la memoria del Doctor en Medicina
y en Filosofía George Strelisker
(1894-1962),
quien me enseñó casi todo lo que sé
sobre Grafología, Caracteriología y Psicología

«Existe un principio que constituye obstáculo contra toda información, prueba contra todo razonamiento, y que mantiene indefectiblemente a un ser humano en permanente ignorancia. Este principio es el de condenar antes de investigar.»

HERBERT SPENCER

«En esta breve jornada de rocío y sol el no discriminar en cada momento alguna actitud apasionada en aquellos que nos rodean equivale a dormir antes de que caiga la noche.»

WALTER PATER

Índice

Prefacio

Este es un libro sobre grafología de carácter tanto práctico como académico. Desde el punto de vista práctico, espero que resulte de considerable utilidad a todos aquellos que se dedican a evaluaciones sobre el carácter y la personalidad: funcionarios de instituciones bancarias y de seguros, asesores de gestoría, directores de ventas, funcionarios de seguridad, de la policía, de contratación, asistentes sociales, sacerdotes, profesores, abogados, médicos, etc.

Desde el punto de vista académico, he analizado la base científica de la grafología: la naturaleza del carácter y la personalidad; la comparación de los análisis de la forma de escribir con los *test* sobre el carácter y la personalidad; la base filosófica de la grafología; el entorno histórico y evolutivo de la grafología; el tan debatido concepto de «nivel morfológico» de Ludwig Klages; los estudios de psicología profunda de Freud, Jung y Szondi; la interrelación existente entre los descubrimientos grafológicos y los de la psicología profunda. Para el lector que desee profundizar en el tema he incluido además una bibliografía de más de un centenar de trabajos grafológicos.

4, Mountway Road,   A. E. H.
Bishops Hull,
Taunton,
Somerset.

1

Grafología: La ciencia
del análisis de la escritura

Existen dos tipos de ciencia, la *Naturwissenschaft*, o ciencias naturales, y la *Geisteswissenschaft*, o ciencias mentales/morales/ espirituales. Esta diferenciación lleva mucho tiempo reconocida en los países de habla alemana, pero fuera de la órbita cultural alemana se la ignora o se la niega.

Las ciencias naturales se ocupan de los fenómenos repetitivos de la naturaleza. En un estudio de ese tipo se somete a un número finito de variables a un análisis cuantificable. En física, por ejemplo, se puede predecir con absoluta certeza las reacciones del agua al enfriamiento entre la temperatura normal y cuatro grados centígrados, y, a la inversa, entre cuatro grados centígrados y cero, siempre que las condiciones de presión se mantengan constantes. En psicología y caracteriología resultan imposibles unas predicciones con un grado de exactitud de entre el 87/88 por 100 y el 95 por 100. Y un grafólogo altamente experimentado puede alcanzar un porcentaje de exactitud todavía superior.

Pero la «mente» no es la naturaleza, y, por tanto, el estudio de la mente no puede abordarse con la metodología propia de las ciencias naturales. De hecho, la palabra alemana *Geist* no puede traducirse adecuadamente a otros idiomas: significa «mente», «espíritu», «cultura», «civilización», etc., todo a la vez. La historia es el ejemplo óptimo de ciencia mental/moral/espiritual. A diferencia de la física, que se ocupa del estudio de los fenómenos repetitivos de la naturaleza (el estudio de las partes), la historia se dedica al estudio del fenómeno de una vez por todas del Geist(el estudio del todo). Por ejemplo, la firma de la Carta Magna fue un fenómeno de una vez por todas del Geist. Otro ejemplo puede ser el de la configuración única de mis huellas dactilares (de la ciencia de la quirología), contra la *configuración única de mi firma* al firmar un cheque a las dos y media de la tarde de ayer, etc. Afirmo, pues, que la grafología es una Geisteswissenschaft, y que, como tal, no puede estudiarse correctamente dentro de los términos de referencia de las ciencias naturales.

Las ciencias naturales son un estudio de las partes, mientras que el estudio del Geist lo es del todo. Aquí debe resaltarse que un «todo» no es un *agregado;* es decir, la simple suma de las partes. De aquí se deduce que cualquier investigación experimental o estadística del Geist es algo así como un pecado original intelectual, pues revela una incomprensión básica del tema abordado. Y cualquier sedicente psicología que insista en aplicar *solo* las técnicas de las ciencias naturales deberá limitarse por definición a los fenómenos periféricos de la neurofisiología y de la anatomía.

El don para el estudio de la «mente», el «espíritu», el «alma», etc., se basa esencialmente en la capacidad para ver el significado, la estructura y la configuración del mundo de los fenómenos; es decir, en la habilidad para aprehender las cosas simbólicamente. *Así pues, antes de emprender el estudio de las partes, debemos de contar con el todo.* Tal como indicó Klages, se puede descomponer el todo en sus distintas partes, pero componer el todo con las partes resulta imposible *a menos que se haya extraído ya del todo la idea que debe guiar el proceso de composición.*

Al llegar aquí, conviene aclarar otro punto. No me opongo a los esfuerzos de los excelentes experimentadores psicológicos y grafológicos que dedican miles de horas al estudio de detalles físicos tales como la presión muscular, la viscosidad o el espesor de la tinta, la superficie del papel, etc. Estos estudios efectúan aportaciones sumamente valiosas a un enfoque a la psicología de la forma de escribir propio de las ciencias naturales, pero constituye una falacia dar por sentado que puedan llegar a resolver nunca los problemas de la grafología, pues son precisamente sus métodos los que les impiden hacerlo.

El acto de escribir constituye una expresión simbólica del Geist, de un todo. Y, o bien las leyes relativas a dicha expresión son válidas, o no lo son. En el segundo caso, tanto la teoría como la práctica de la grafología son una majadería. Y, si son válidas, ninguna investigación fragmentaria y parcial podrá reafirmar o contradecir significativamente el estudio de la escritura como gesto expresivo de un todo. Por ejemplo, cuando el instrumento de escritura se desplaza hacia la zona superior del papel, lo hace impulsado por la actividad muscular de los extensores. Cuando el instrumento se desplaza hacia la zona inferior del papel, lo hace impulsado por los flexores. Pero una preferencia de la zona superior simboliza una conducta idealista y no sometida a los instintos, mientras que una preferencia por la zona inferior simboliza una conducta materialista y sometida a los instintos (no idealista). Por supuesto, estamos de acuerdo en que no podría haber zona superior o inferior en la escritura sin la coordinación de las actividades musculares flexoras o extensoras, impulsadas ellas mismas por actividades neuroendocrinas. Pero tales actividades neurofisiológicas y musculares son simplemente las expresiones somáticas y naturales de la «psique», que es *Geist*. Negarlo sería como representar *Hamlet* sin el príncipe de Dinamarca. Tampoco cabe explicarlo mediante la teoría del paralelismo psicofísico, pues no se trata de un caso de paralelismo de fenómenos independientes.

Así pues, cuando un crítico objeta que alguien escribe de determinada manera, porque un maestro o profesor le enseñó ese estilo, mantengo que dicha objeción carece de validez. El individuo en cuestión conserva dicho estilo por razones individuales y personales propias; perfectamente puede haber asumido la imagen de su profesor predilecto. Una vez más, cuando un crítico señala que está modificando continuamente su forma de escribir, contrarresto su objeción respondiendo que no invalida la teoría y la práctica grafológica, demuestra simplemente que el crítico tiene un historial de tipo esquizoide o histeroide. Si un crítico me pregunta qué es lo que puedo deducir de los garabatos de un párvulo, le respondo que son precisamente los más reveladores, ya que tales expresiones de un niño no han tenido que limitarse todavía a la ordenación individual de las convencionalmente aceptadas veintinueve letras del alfabeto.

Lo que refleja la actividad particular de una mente individual es siempre la proporción de tensión entre dos factores opuestos. Lo que hay que observar e interpretar es la diminuta oscilación entre derecha e izquierda, arriba y abajo, entre tensión y relajamiento, y todas las demás incontables *polaridades;* pues en nuestra escritura se reflejan fielmente todas nuestras tendencias y direcciones contradictorias emprendidas en la vida. En cualquier momento, lugar o circunstancia somos buenos y malos, egoístas y altruistas, egocéntricos o interesados por los demás, optimistas o pesimistas, decididos o irresolutos, confiados o asustados, seguros o atemorizados. Y no somos nunca el mismo, variamos de día en día, de hora en hora, algunas veces de minuto a minuto, pues nos encontramos en todo momento, por así decirlo, «dando bandazos por la vida», con pensamientos y emociones fluctuantes, ligados a las convenciones, anhelantes de libertad, esperanzados y desesperados, de forma que nuestra escritura está sometida a continuos cambios.

Pero todas nuestras experiencias vitales no alteran la estructura fundamental de nuestro carácter y temperamento, aunque pueden impulsarnos en una nueva dirección y estimular un desarrollo o evolución determinados dentro de nuestras posibilidades innatas. De este modo los cambios repentinos en nuestra escritura no transforman su estructura fundamental. Se producen cambios, y debido a ello nuestra forma de escribir es variable. Aunque el grafólogo experto es capaz de pasar revista a las diferentes etapas del desarrollo infantil y de la adolescencia, de seguir los avances de un paciente sometido a la psicoterapia, o de observar los efectos de una nueva profesión o de un matrimonio desgraciado, hay que reconocer que nuestra escritura no registra siempre de forma inmediata todos los cambios en nuestras actitudes hacia la vida. Esto puede deberse al hecho de que determinados cambios se producen lentamente, de que seguimos aferrándonos a los movimientos habituales e intentamos ocultar —consciente o inconscientemente— el cambio de nuestro punto de vista o actitud. En la forma de escribir influyen numerosos factores, y no cabe tomar en consideración todos ellos en cualquier muestra aislada de escritura.

Pero las objeciones habituales carecen de valor. No importa, por ejemplo, si una persona disfraza su forma de escribir —consciente o inconscientemente—. Se ha descubierto experimentalmente qué características resulta fácil modificar y cuáles no. Los esfuerzos arbitrarios por transformar una escritura pueden engañar a un lego, pero no lo conseguirán con un experto que conoce todos los extraños trucos relativos al disfrazamiento consciente e inconsciente de la forma de escribir.

Todos nosotros diferimos en nuestra capacidad para expresar nuestros pensamientos y sentimientos. La constitución física, el temperamento o toda la estructura endocrina así como, por supuesto, nuestra educación, determinan nuestras modalidades de expresión. De acuerdo con todo ello algunas formas de escribir resultan mucho más significativas que otras. Pero por extraño que parezca, y como puede observarse en las reacciones de su vida cotidiana, la riqueza o pobreza expresiva de un individuo no está siempre de acuerdo con su patrón real de conducta. Las expresiones del rostro y los gestos pueden controlarse y entrenarse fácilmente, *pero la forma de escribir revela irremisiblemente todas las combinaciones y contradicciones de nuestras actividades mentales.* Debe señalarse, no obstante, que no existe ni un solo rasgo del carácter que se revele a través de una característica aislada de la escritura. Por el contrario, *una evaluación rígida de determinados signos puede conducir a falacias.* Esto revela el peligro y la inutilidad de consultar los textos grafológicos basados en signos fijos. No podemos juzgar una característica aislada y aplicarla de forma general a una personalidad considerada globalmente. No cabe resolver sobre una base tan simple las contradicciones internas del organismo humano y la polaridad de una unidad tan sumamente compleja como la de mente-cuerpo. *En la unicidad del individuo solo se integrará la combinación e interconexión de todas las características de una determinada forma de escribir.* Y como esta unicidad está condicionada por innumerables factores, se deduce que todas estas fuerzas y tendencias contrapuestas no pueden encontrarse expresadas en una o dos características o rasgos aislados. Por ejemplo, entre estas fuerzas y tendencias contrapuestas se encuentran la disposición y comportamiento de los cromosomas y de los genes, las leyes de Mendel, la determinación por el sexo, el funcionamiento endocrino, la constitución y funcionamiento de los sistemas simpático y parasimpático, todo ello unido a factores tales como el clima, la cultura, las tradiciones, las relaciones sociales y la educación. Por todas estas razones *el análisis grafológico es una disciplina o materia basada también en la intuición; es decir, en una comprensión inmediata por parte del grafólogo de la escritura como totalidad.*

Mucha gente formula objeciones al empleo de la intuición, pero es la intuición la que nos permite ir más allá de la apariencia de la vida y experimentar de este modo su esencia. Por medio de la razón mantenemos nuestra cordura y proseguimos nuestras actividades cotidianas, pensando matemáticamente en términos de tiempo: pasado, presente y futuro. Pero no existe solo el pasado, el presente y el futuro, nos encontramos también en un *continuum* de espacio-tiempo. Negarlo equivaldría a intentar comprender una película deteniendo el proyector y estudiándola imagen a imagen. El significado de una película va ligado a su movimiento. De igual modo, el *Geist* solo puede comprenderse como algo global mediante un acto *intuitivo* que da lugar a una intuición.

Cabe decir, a modo de resumen, que la grafología es la ciencia que se ocupa del análisis e interpretación de la escritura. Desde el punto de vista neurológico, esta es una manifestación del funcionamiento del cerebro, y cabe resaltar aquí que la mano —la extremidad prensil normalmente empleada para escribir— cuenta con una proporción mayor de representación cortical en el cerebro que cualquier otra parte o sistema del cuerpo. Desde el punto de vista caracteriológico, constituye una manifestación del funcionamiento psíquico. Se trata de una ciencia, pues cuenta con un conjunto de conocimientos organizados derivados de descubrimientos comprobados efectuados en su campo; pero lo es también en el sentido de que los descubrimientos comprobados constituyen la base para el análisis de la escritura. Debido al elemento subjetivo inherente a toda interpretación, la grafología no es una ciencia exacta en el sentido en que puede serlo la física, pero debe recordarse que *la ciencia no se limita a las áreas del conocimiento que se pueden interpretar solo mediante métodos puramente objetivos que implican una medición exacta.* Además, para lograr un todo vivo hay que sintetizar los descubrimientos o hallazgos de carácter analítico, y esta tarea creativa equivale necesariamente a un arte. No obstante, el análisis y la síntesis no son dos procesos mentales *separados,* ni en términos de funcionamiento ni en términos de secuencia temporal, sino más bien los dos polos o aspectos de toda conceptualización. De todo lo expuesto se deducirá que el grafólogo experto debería contar con conocimientos de psicología general, así como con conocimientos especializados de psicología profunda y caracteriología. Debería disponer además de una amplia formación cultural que abarcase las ciencias naturales, las ciencias sociales y las humanidades.

Las bases de la grafología pueden reducirse a trazos y curvas que se expresan sobre el plano vertical u horizontal*. Cada trazo y cada curva, según el plano en que se encuentra, constituye una expresión del «De mí-a-ti». Okakura señaló que «cada trazo de

---

* Ciertamente, hay que observar también las sutiles diferencias de presión.

escritura expresa toda una vida». Esta es la teoría de Paracelso del «macrocosmos-microcosmos» superficialidad aplicada a la interpretación de la escritura. Con un simple vistazo a una muestra de escritura, el grafólogo experto se hace una idea inmediata de toda ella. Ha superado ya la etapa de la lectura consciente de la escritura y se dedica únicamente a la interpretación que se deriva de un análisis y síntesis inconscientes y de un número incontable de polaridades psíquicas. *Pero todo el mundo posee cierta intuición, y según el estudiante de grafología vaya adquiriendo experiencia comparando y contrastando muestras de escritura a la luz de la teoría grafológica, irán desarrollándose sus poderes o capacidades intuitivas.*

2

El carácter, la personalidad
y los «tests»

Cuando hablamos de «personalidad», debemos ser capaces de reconocer la diferencia entre personalidad genuina y ficticia, que es una diferencia tan fundamental como la existente entre verdad y mentira. Pero ¿qué es la *personalidad*? Y ¿qué es el *carácter*? Se ha definido la *personalidad* como la «apariencia» que ofrece un ser humano a la otra gente. Según esta definición, la «personalidad» no puede ser el individuo en si. No es ni tan siquiera parte de él y es por tanto completamente distinta del *carácter*, que forma parte integral del propio individuo.

Pero ¿qué es el propio individuo? Los psicoanalistas han propuesto los términos *ego, súper-ego* e *id*, mientras que los psicólogos han ofrecido distintos enfoques al estudio del temperamento y la personalidad. Pero al igual que todos los métodos más o menos ortodoxos de actuación psicológica, estos se están convirtiendo en métodos puramente aproximativos y se transforman en complicadas combinaciones de teorías abstractas y falacias prácticas.

Los tests se han inventado para descubrir qué tipo de trabajo escolar cabe esperar que realicen los niños a determinadas edades y qué tipo de educación y entrenamiento deberían recibir cuando sean mayores. Los psicólogos comenzaron a sustituir los acientíficos exámenes empleados generalmente en épocas anteriores y el juicio intuitivo de padres y maestros por los llamados tests científicos acerca de las capacidades mentales de los niños. De hecho, la interpretación exacta de los resultados de los llamados tests de inteligencia ha planteado numerosas dificultades. Además, mientras tanto se ha descubierto que estos tests tienen el gran defecto de no poder determinar el carácter, las cualidades de iniciativa, perseverancia, decisión, honradez, etc., que parecen ser más importantes para la vida y el trabajo que la simple inteligencia. Tampoco pueden determinar la cualidad, no menos importante, de saber aprehender ideas. Enfrentados a este problema, los psicólogos comenzaron a inventar métodos para medir la personalidad y el temperamento. Han elaborado —y siguen todavía elaborando— numerosos cuestionarios. En la mayoría de los casos estos cuestionarios están destinados a averiguar lo que ha hecho una persona o sus ideas y sentimientos con respecto a distintos problemas, *pero es totalmente seguro que no pueden suministrar clave alguna acerca del carácter, la personalidad o el temperamento del individuo sometido al test.* No obstante, a pesar de esto y otros inconvenientes, los cuestionarios han sido —y siguen siendo— ampliamente utilizados, sobre todo en Estados Unidos, porque, tal como señaló Blackburn (en *Psychology and the Social Pattern*), «unos resultados relativamente rápidos parecen recompensar un trabajo poco arduo». Si admitimos la definición de que la personalidad del individuo es la apariencia que este ofrece, o desea ofrecer, a otras personas, los cuestionarios podrían resultar útiles para averiguar qué es lo que un individuo pretende aparentar o simular.

Los indios lo denominan «Maya». *Maya* significa «simulación», y según ellos constituye la esencia de todos los procesos. Cuanto mayor sea la simulación, más profundos, complejos y aparentemente reales serán los procesos. De hecho, *cuanto más absurda e imposible sea la hipocresía, más real parecerá y, por tanto, más profundamente engañará.* Este es, en esencia, el problema de la personalidad.

La personalidad no es algo que se pueda comprender estudiando y observando el *comportamiento* o *conducta* de una persona, ni tampoco descubriendo los *diversos rasgos innatos del carácter.* Los sociólogos han añadido un nuevo punto. Resaltan la influencia de la cultura en el modelamiento del *comportamiento* o *conducta* del individuo. Se trata ciertamente de una objeción razonable, pero no resuelve realmente el problema de la personalidad, se limita a poner de relieve el hecho de que las influencias culturales pueden ser mucho más importantes que cualquier característica innata.

Pero la cuestión que se plantea es la siguiente: ¿implica la concepción de personalidad solo los *patrones de conducta* de un individuo? No cabe duda de que, en el estudio de la mente humana, no es posible eludir los problemas de *patrón* y de *forma.* Cuando Goethe acuñó el término *morfología*, lo que le interesaba eran las formas de las flores y de las calaveras. Y aun hoy día el término tiene connotaciones físicas. Pero el concepto de morfología puede aplicarse, en cierta medida, a los fenómenos de la conducta. Se podría definir la morfología como la ciencia de la forma. Cualquier diccionario nos dirá que la forma es la figura o conformación de una cosa como algo opuesto a su sustancia. Cabe afirmar que la conducta tiene forma. La forma que asume una conducta o comportamiento puede ser investigada científicamente (y lo está siendo).

Un enfoque morfológico lleva, por tanto, a la descripción y *medición de determinadas formas,* al estudio sistemático de las relaciones y correlaciones topográficas de dichas formas y de sus avances y retrocesos ontogénicos, así como de las características comparativas entre distintos individuos y distintas especies.

Fue John Hunter quien afirmó: «La estructura es únicamente la expresión física de una función». En un sentido monista —pero *no místico*—, y a pesar de carecer de tangibilidad física, se ha considerado la mente como una «estructura» viva, en desarrollo. Algunos morfólogos opinan que se trata de un sistema de acción complejo y de carácter organizativo, que se manifiesta en formas características de conducta: en patrones de postura, locomoción, aprehensión, manipulación, percepción, comunicación y respuesta social. Pero todo esto resulta algo confuso. Hay sin embargo una cosa de la cual podemos estar totalmente seguros: de que la mente humana no es tan sencilla como supone mucha gente —incluyendo los psicólogos—. *No obstante, el autor de tests mentales de hoy en día está absolutamente convencido de que, de una forma u otra, en un momento u otro, los procesos mentales más sutiles y los productos mentales más escurridizos serán susceptibles de medición.* Throndike lo expresó de manera sumamente concisa cuando señaló: «Todo existe en cierta cantidad, y si existe en cierta cantidad, puede ser medido».

Pero ¿existe la mente en una determinada cantidad? C. G. Ogden señala (en *A.B.C. of Psychology*): «Es de suma importancia darse cuenta de que, a pesar del lenguaje, la mente no es una cosa, sino una actividad. Las imágenes, las ideas, etc., no son productos, sino procesos». ¿Es realmente posible medir las ideas y las imágenes? Podemos medir palos y piedras, podemos calcular la distancia a las más lejanas estrellas, *pero no podemos ni imaginarnos la profundidad de una emoción.* Hay, sin embargo, gente que lo ha intentado una y otra vez, y siempre en vano.

De hecho, nadie sabe realmente qué es la mente. En tiempos pasados se hablaba de «sensaciones», «percepciones:», «imaginación», «criterio», «propósito», «acto de voluntad» y «sentimiento»; es decir, de los signos más elementales de la mente y de la estructura física de nuestros órganos sensoriales.

A uno se le enseña a extraer conclusiones, a recordar, a formar ideas o conceptos; pero, en lo referente a los enigmas de la personalidad, el temperamento, el estudio de la conciencia religiosa, los males del alma o el estudio de los hechos prácticos de la vida, tenemos que mostrarnos de acuerdo con Klage cuando señaló que uno no adquiere muchos más conocimientos que los que alcanzaría un amante de las flores de un estudio de botánica que se limitase a informarle brevemente que las plantas son cuerpos tridimensionales, inmóviles, capaces de crecer, que requieren ciertos alimentos y dependen de la luz.

3

Base filosófica
de la grafología

Según la psicología fue haciéndose más «científica», se fue empobreciendo, se vio arrasada por el ansia desenfrenada de medición y exactitud. Para convertirse en una ciencia respetable, la psicología comenzó a imitar los métodos cuantitativos de las ciencias exactas, y en la actualidad el objetivo de su práctica —el estudio de la psique— se ha perdido entre todo un montón de experimentos neuropsicológicos y estadísticas.

Pero no cabe estudiar la mente al margen de sus aspectos filosóficos. Y me parece que *hay que aplicar el principio de polaridad al estudio de todos los procesos psicológicos.* Entonces, y solo entonces, comprenderemos por qué somos todos tales manojos de contradicciones y por qué todos los seres humanos nos vemos constreñidos a elegir en cualquier momento, lugar y circunstancia el término medio entre extremos opuestos. Pues nuestra vida es el intento consciente e inconsciente de mantener el equilibrio entre las tendencias espirituales y las demoniacas, entre Caín y Abel, entre bien y mal, entre realidad e ilusión, entre tendencias masculinas y femeninas. El proceso planetario y el proceso vital se componen ambos de un número infinito de pares opuestos, que deben considerarse, sin embargo, como aspectos de una misma unidad. Estos pares son siempre e inevitablemente inseparables, pero en cualquier momento, lugar o circunstancia, una de las partes es siempre mayor (y la otra menor). No existe, por ejemplo, lucha por la existencia sin alianza por la existencia, no existe parasitismo sin simbiosis. En cierto sentido, cada uno de los términos de todo par es el otro, su continuación, y, al mismo tiempo, distinto y opuesto. El placer y el dolor, la esperanza y la desesperanza, la derecha y la izquierda, la virtud y el vicio, el día y la noche, el hombre y la mujer constituyen ejemplos de tales pares de opuestos. Aunque se manifiestan en direcciones contrarias, son todos aspectos de una misma entidad concreta. Uno provoca al otro, de tal forma que no cabe pensar en el día sin la noche, en el hombre sin la mujer, en la virtud sin el vicio, en la esperanza sin la desesperación, etc. Pero a pesar de ello, uno de los términos de cualquier par no neutraliza al otro. Lo único variable es la proporción de tensión existente entre los dos opuestos. Puede aumentar o disminuir, debilitarse o amplificarse, pero no se puede nunca detener o anular a menos que se aniquile la propia entidad en la que se da dicha tensión. *Y a las correlaciones entre tales términos opuestos se las denomina «polaridades».*

Desde este punto de vista, no cabe afirmar que la personalidad de un individuo es la apariencia que ofrece a otras personas. *Debe definirse la personalidad como la suma de todas las contradicciones de la naturaleza humana;* de la «persona» (la máscara consciente e inconsciente que se muestra a los demás); del carácter y temperamento; de las reacciones ante las influencias del medio. *El carácter da lugar a la persona, de tal forma que no cabe pensar en el carácter sin la persona.* Y, por supuesto, la «persona» no neutraliza nunca al carácter. Lo que varía es la proporción de tensión entre estos dos polos de la personalidad total. La relación entre persona y carácter puede compararse con la relación entre las dos grandes fuerzas del universo; esto es, la de movimiento hacia el centro (centrípeta) y la de movimiento hacia la periferia (centrífuga). Al equilibrio entre ambos lo denominamos *polaridad negativa* y *positiva.* La corriente centrífuga de una célula eléctrica es positiva, la centrípeta negativa. Ambas son necesarias para completar el circuito. Apenas resulta necesario demostrar que el principio de polaridad se encuentra presente en toda la naturaleza. El mundo y la vida constituyen un circuito eterno: los placeres de la vida y el terror a la muerte, el elixir del amor y el veneno del odio circulan juntos por nuestros sentidos. Decimos una cosa y hacemos otra, pero siempre predomina una en un momento concreto y la otra en otro. No obstante, ambas se encuentran siempre presentes en cualquier instante. Somos buenos y malos al mismo tiempo, y resulta imposible medir nuestro grado de bondad y maldad en un momento dado. Lo que deberíamos ser capaces de medir hasta cierto punto es la tensión entre los dos opuestos; a la tensión entre los aspectos opuestos de una misma entidad es a lo que denominamos «personalidad total».

El egocentrismo es un movimiento hacia el centro y la sociabilidad un movimiento hacia la periferia. *Y demostraré cómo este principio de polaridad se da en una expresión sumamente compleja de la mente humana, la de la escritura.* Pero este principio puede aplicarse a otros campos: el funcionamiento muscular (los flexores opuestos a los extensores), la conducta (la conducta moral opuesta a la inmoral), los fenómenos del mundo físico (la acción opuesta a la reacción), etcétera.

Pero como tanto en el mundo como en la vida todo se compone de pares de opuestos, y dado que todos los procesos son ambivalentes, se deduce que en el análisis de la escritura todas las características también lo son. Hace justamente algo más de un siglo se consideraba la escritura como un mosaico de signos puestos unos al lado de otros, sin ninguna interrelación. A esta razón se debe que la interpretación de la escritura como expresión del carácter y la personalidad resultara ser en gran medida una falacia. *Es un error fundamental suponer que cada rasgo o característica representa una única cualidad, ya que toda expresión de la escritura es ambivalente.* Se debe distinguir además entre expresiones genuinas y ficticias, entre la personalidad auténtica y la pseudopersonalidad. Pero ¿estamos capacitados para juzgar correctamente? ¿Conocemos en realidad a nuestros amigos más íntimos, o solo creemos conocerles? ¿Puede uno penetrar en los secretos del corazón de otro ser? Es cierto, y no cabe duda alguna al respecto, que poseemos dos naturalezas, una que exhibimos y otra que ocultamos, una que aparentamos y otra que no deseamos dejar al descubierto, una que mostramos en sociedad y otra que mostramos solo a nuestros mejores amigos; con una soñamos y con la otra actuamos o sufrimos, pero ambas son componentes inseparables de la misma entidad.

¿Cómo podemos detectar en las acciones siempre cambiantes del ser humano las características duraderas y permanentes? ¿Cómo podemos detectar sus motivaciones reales, que se ocultan tras la fachada de cortesía y de la llamada «buena educación»? *¿Cómo podemos rasgar lejos los velos de Maya?*

Tenemos que intentar liberarnos de ciertas ilusiones o espejismos. Damos erróneamente por sentado que cada uno de nosotros lucha por encontrar la verdad, cuando en realidad estamos solo interesados por alcanzar nuevas ilusiones. Oscilamos entre la esperanza y la desesperación, entre el odio y el amor, entre la alegría y la pena, entre el placer y el dolor, entre la extroversión y la introversión, debatiéndonos, pues, en un laberinto de polaridades. Y los filósofos han intentado una y otra vez encontrar una salida a este laberinto que denominamos la vida y el mundo.

No tenemos la menor idea de nosotros mismos, pues *a una persona le resulta imposible mostrarse objetiva acerca de sí misma.* Si intentamos seriamente examinarnos a nosotros mismos o, más bien, *imaginarnos* que lo estamos haciendo, podremos ver únicamente una figura desdibujada de nosotros mismos, como en un espejo oscuro, y solo de como éramos hace un momento, nunca como somos en ese mismo instante; *pues nuestro ego se encuentra siempre en el lugar desde el que mira hacia fuera y nunca en el lugar al que se dirige la mirada.* Y aunque la mayoría de nosotros nos mostraremos reacios a admitir esta conclusión —formulada por primera vez por Rudolph Allers en su obra *Psychology of Character*—, tenemos, sin embargo, que recordar que este hecho básico relativo a cómo se ve uno a sí mismo hace que resulte imposible un autoconocimiento continuo. Por esta razón, nuestro ser último, nuestra «personalidad total», debe permanecer en la oscuridad. Por supuesto, siempre podemos adquirir cierto autoconocimiento a través del reconocimiento de determinados datos, que nos proporcionan términos de referencia para verdades más profundas. Evidentemente, mediante la autoobservación podemos aprender un montón de cosas acerca de nosotros mismos. Pero si nos dedicamos a la autoobservación, y si lo hacemos seriamente, solemos quedarnos confundidos, sorprendidos y, en ocasiones, maravillados. Es entonces cuando nos damos cuenta de lo poco que sabemos sobre nosotros mismos; cuando nos damos cuenta de que *la psicología no se ocupa de hechos, sino fundamentalmente de ilusiones o espejismos.*

Ha llegado a ser evidente que numerosos psicólogos y especialistas en el carácter que creen poder resolver los problemas de la mente, el carácter y la personalidad mediante tests y mediciones se están desviando del buen camino. Ante esto no cabe más remedio que afirmar que, al descuidar por completo los aspectos filosóficos de su ciencia, están realizando un proceso de degradación tanto de sí mismos como de su trabajo. Y formulamos esta afirmación aun a sabiendas de que, por sí sola, la filosofía no conduce a resultado práctico alguno.

4

Antecedentes históricos
de la grafología

Como ciencia, la grafología cuenta con una historia de algo menos de cien años. Pero la idea de una conexión entre la escritura y el carácter/personalidad ha existido desde tiempos antiguos. Así, Cayo Suetonio Tranquilo, escribiendo en el año 120 después de Cristo (*De vita Caesarutri*), señala: «No pone un guión y continúa en la línea siguiente, aunque esto signifique tener que apretujar las letras, sino que se limita a estrecharlas y a curvar el final de la línea hacia abajo». Y en el siglo IV antes de Cristo se encontraba ya muy desarrollada la modalidad china de escritura denominada de «hierba». Kuo Jo-hsu (1060-1110 antes de Cristo) concedió toda su importancia a la escritura cuando señaló: «La escritura muestra indefectiblemente si procede de una mente noble o de una persona vulgar». Y fue Okakura quien señaló: «Cada trazo de escritura expresa toda una vida».

En la Europa de la Alta Edad Media la escritura la practicaban profesionalmente los monjes. En los siglos XII y XIII su uso se generalizó más entre las personas educadas, debido fundamentalmente a la influencia de la cultura islámica. Y por influencia del Renacimiento su uso se popularizó todavía más. Las investigaciones de los académicos renacentistas demostraron también que Aristóteles se mostró interesado por la escritura y la personalidad; y esto había ocurrido más de trescientos años antes de Cristo.

Acercándonos más a la época actual, el primer libro sobre grafología aparecía en Bolonia a comienzos del siglo XVII, y su título era *Ideografía*. A continuación, en 1622, se publicó el minucioso tratado de Camilo Baldi, que relacionaba la escritura con la personalidad. Baldi era doctor y catedrático de la Universidad de Bolonia, y su obra llevaba un título adecuadamente largo y pomposo: *Trattato come da una lettera massiva si cognosca la natura e qualita dello scrittore*. En este tratado señalaba: «Es evidente que cada persona escribe de un modo propio y peculiar, y que en sus cartas privadas todo el mundo emplea formas tan características que no pueden ser imitadas por ningún otro individuo». Y sus conclusiones eran las siguientes: «Mediante un examen atento, cabe reconocer estos y otros rasgos similares en cualquier escritura. No obstante, hay que observar cuidadosamente si las características de la escritura se repiten y, además, si son en algún sentido artificiales, así como si se deben a diversas razones engañosas derivadas de los materiales utilizados para escribir». Jacoby ha alabado esta obra como «el primer paso hacia una ciencia grafológica en Europa y, de hecho, un intento admirablemente inteligente y lúcidos». A partir de esa fecha han aparecido numerosas obras sobre grafología en diferentes idiomas.

Leibniz, el gran filósofo y matemático alemán, señaló: «En la medida en que no se limite a imitar la del maestro, la forma de escribir expresa algo del temperamento natural».

J. Ch. Grohmann, catedrático de teología y filosofía en la universidad de Wittenberg, escribió (1792) un tratado titulado *Examen de la posibilidad de deducir el carácter a partir de la escritura*. En esta breve obra señalaba: «Disfrazar la escritura propia resulta tan difícil como disfrazar la fisonomía. Y al igual que la fisonomía permanece en lo esencial inalterable, y en respuesta a la emoción interior solo se activan los músculos móviles, el carácter de la escritura permanece básicamente inalterable, a pesar de cualquier disfraz, aun en el caso de enmascararse mediante rasgos falsos y engañosos. He encontrado en todo momento que la capacidad de disimular la propia escritura está al mismo nivel que la de disfrazar el carácter y la apariencia».

Una breve ojeada bastará para corroborar el hecho de que la importancia de la escritura fue reconocida, entre otros, por Gainsborough, Scott, Goethe, Lavater, Knigge, y Stefan Zweig. Aparecen referencias a la forma de escribir en las obras de Browning, Poe, Sand, Humboldt, Baudelaire, Dumas, Daudet, Zola, Gogol, Chejov, Heyse, Lombroso, Björnson, Kielland, Thomas Mann, Ludwig, Feuchtwanger, Hirschfeld, Kretschmer, Bleuler, Jung, Einstein, etc.

Fue *Michon,* el abate francés, quien acuñó e introdujo, en 1871, el término *grafología.* Se centró en estudios de las letras por separado, basándose únicamente en observaciones empíricas, y careciendo por tanto de una confirmación de sus hallazgos a través de la interpretación psicológica. *Crépieux-Jamin,* su discípulo sucesor, perfeccionó las detalladas observaciones de Michon, alejándose al mismo tiempo de la «escuela de los signos fijos» y pasando al estudio de los aspectos globales de la escritura.

Pero fueron *Preyer* (psicólogo infantil), *Meyer* (psiquiatra) y *Klages* (el filósofo) quienes dieron nuevo impulso a la grafología mediante sus experimentos y estudios psicológicos. Han contribuido más que nadie a situar la grafología entre una base sólida que le permite aspirar a *status* de ciencia. Preyer era catedrático de Fisiología en la Universidad de Jena, y demostró que un escrito realizado con la mano izquierda o derecha, con un pie, o incluso con la boca de una misma persona, poseía una similitud de formas. *Meyer* fue un psiquiatra que puso de relieve tres importantes factores en el trazo escrito: la extensión, la velocidad y la presión. Contribuyó al desarrollo de una nueva ciencia de la caracteriología, pues descubrió que los problemas de expresión constituyen aspectos del carácter. Pero fue *Klages* quien desarrolló una ciencia de la expresión que postulaba leyes y principios por los que se regían la grafología, el movimiento expresivo y la caracteriología. Pensaba también que la ley básica de la expresión consiste en que cada movimiento físico de carácter expresivo pone de relieve las tensiones e impulsos de la personalidad. Resaltó la importancia de evaluar intuitivamente el ritmo de un texto escrito y de llegar de ese modo al «nivel morfológico». *Kraepelin* fue un psiquiatra, autor de la denominada «escala de Kraepelin», que intenta medir la velocidad y la presión de la escritura en los manuscritos, tanto de las personas mentalmente equilibradas como de las mentalmente desequilibradas.

Se han efectuado intentos de separar la grafología de cualquier orientación filosófica concreta de la caracteriología y de basarla firmemente en los descubrimientos y las enseñanzas de una u otra de las escuelas de psicología profunda: el psicoanálisis de Freud, la psicología analítica de Jung, la psicología individual de Adler, la «schicksal» psicología de Szond, etc. *Schlag* y *Pulver* (el grafólogo suizo) realizaron tales tentativas dentro del marco del sistema de Jung. Fue Pulver, en concreto, quien redujo todas las teorías y enseñanzas de la grafología a la fórmula siguiente: «La escritura es el camino que conduce desde el "Yo" al "Tú"; el puente por el que pasa la comunicación desde el "ego" al "medio"». Un grafólogo de orientación freudiana podría expresarlo de forma parecida, afirmando: «La escritura es el simbolismo que expresa las relaciones subyacentes ego-objeto». En la teoría freudiana todo el mundo y todas las cosas (el llamado «medio») son los «objetos» sobre los que el «ego» descarga su «libido» (energía psicosexual). Cabe señalar, de pasada, que Pulver ha estudiado el simbolismo de los espacios en la escritura.

Tres grafólogos checos, *Fanta, Menzel* y *Schönfeld,* lanzaron en 1939 una publicación grafológica. Anteriormente existieron ya otras publicaciones grafológicas: Klages había fundado y dirigido la Zentral Blatt Fuer Graphologie (suplemento de su Zeitschrift

Fuer Menschenkunde); pero, dado su interés, fue lamentable que esta publicación checa tuviese tan corta vida.

En Hungría se creó, ya en 1920, un Instituto Grafológico. Entre los grafólogos húngaros han destacado *Román, Balazs,* y *Hajnal.* La grafología se ha visto oficialmente reconocida en Hungría debido a que tanto los psicólogos de la universidad como los médicos complementan sus descubrimientos, investigaciones y técnicas mediante descubrimientos, investigaciones y técnicas grafológicas. Y la grafología aplicada ha encontrado salidas en la investigación educativa húngara. Roman inventó un «grafodino» para medir los fenómenos grafológicos, mientras que Balazs y Hajnal estudiaron la materia desde el punto de vista del psicoanálisis.

En Estados Unidos la grafología ha recibido atención por parte de *June Downey,* de la Universidad de Iowa, así como de *Allport* y *Vernon,* de la Clínica Psicológica de Harvard. En sus investigaciones Downey empleó el método de equiparación, comparando los juicios basados en la escritura con los descubrimientos basados en la gesticulación, forma de andar, porte, etc. Allport y Vernon, por el contrario, recurrieron más a las estadísticas y al enfoque experimental. Cabe mencionar aquí a *Saudek,* un grafólogo checo, quien intentó abordar los problemas grafológicos en términos aceptables para los psicólogos experimentales. Trabajó en colaboración con Allport y Vernon. Una importante conclusión de los psicólogos experimentales y de los grafólogos que colaboraron con ellos fue *la confirmación experimental de que, como tal, un rasgo aislado carece de significado fijo.* *Zubin* y *Lewinson* son los autores de un enfoque de carácter más clínico, que recurre a escalas, y que se ha visto continuado por el trabajo de Rose *Wolfson. Wolff* está investigando la grafología experimental contemporánea y *Sonnemann* la grafología clínica, asimismo contemporánea.

Suiza ha contado con *Pulver,* cuyo nombre y obra ya hemos mencionado. Asimismo, con *Heider,* quien publicó en 1941 su *Exacte Graphologie.* Las investigaciones y conclusiones de

Heider son tan importantes que paso a comentarlas brevemente:

Al estudiar la presión de la mano y del dedo meñique sobre la superficie escrita, Saudek descubrió que esta presión concreta provoca un desplazamiento no intencionado del papel durante el acto de escribir. Pero fue Heider quien argumentó que, aun sin ser conscientemente intencionada, esta presión de la mano se debe a energías psíquicas bipolares y tiene bastante que ver con lo que él denomina el «peso» de una escritura. Se sintió sumamente impresionado por el descubrimiento de que todo ser humano, varón o hembra, segrega tanto hormonas masculinas como femeninas, predominando en cada caso unas u otras. Puso estas energías en correlación con el tamaño y la amplitud de la escritura y con la presión de la mano que provoca el desplazamiento involuntario del papel. Como el tamaño y la expansión de las letras y palabras escritas depende de la forma en que se desplace el papel durante el acto de escribir, Heider dio por sentado que la presión de la mano y del dedo meñique se deben a energías psíquicas. Las *energías masculinas* producen una escritura grande y espaciada, las *femeninas* una escritura pequeña y angosta. El *sexo real* de la persona no importa. Basó sus teorías en el concepto de que la escritura es el resultado de la disposición de multitud de diminutas partículas de tinta (en el caso de una pluma) o de algún tipo de grafito (en el de un lápiz). Algunas observaciones vulgares y corrientes adquieren una nueva dimensión a la luz de este hecho. Por ejemplo, después de que una persona haya utilizado una pluma durante un plazo de tiempo razonable, podrá observarse que un lado de la punta está más desgastado que el otro. Esta preferencia es tan marcada que los fabricantes de plumas fabrican puntas inclinadas a la izquierda y puntas inclinadas a la derecha. Ahora bien, la presión en la parte derecha de la punta da lugar a una difusión de diminutas partículas de tinta de *izquierda a derecha, movimiento como el de las agujas de un reloj.* Pero la presión en la parte izquierda de la punta da lugar a una difusión de diminutas partículas de tinta de derecha e izquierda, *movimiento contrario al de las agujas de un reloj*. Estos movimientos constituyen lo que Heider denominó *flujo interno de la escritura*, cuya dirección solo está de acuerdo con los movimientos de izquierda a derecha de la escritura europea si se pone el énfasis en la presión sobre el lado izquierdo de la punta de la pluma o lápiz. Un flujo interno en el sentido de las agujas del reloj, visto desde el punto de arranque del margen izquierdo de cada unidad escrita, muestra tendencias hacia la derecha. Un flujo interno en el sentido contrario al de las agujas de un reloj se inclina en dirección al lado desde el cual comienza el movimiento de escribir. Se trata de un fenómeno mecánico, pero contiene asimismo importantes aplicaciones para la interpretación psicológica de la escritura. Para los grafólogos de orientación freudiana abre nuevas perspectivas para la investigación de las relaciones ego-objeto. No obstante, no puedo aceptar las conclusiones psicológicas extraídas por el propio Heider. Como era ingeniero eléctrico y físico, elaboró un sistema psicológico rígido, lógico y mecanicista, *cuando la conducta es básicamente instintiva y emocional y carece por tanto de lógica, que constituye un fenómeno de carácter secundario* (véase la pág. 44-45).

En Inglaterra la grafología ha tenido todavía muy poco impacto y ha avanzado aún menos. Esto se debe al conservadurismo de la mentalidad británica; merece la pena recordar que, para alcanzar el grado de reconocimiento y aceptación de que goza actualmente en Inglaterra, el psicoanálisis freudiano ha necesitado casi cien años. Pero en la actualidad existen esperanzadores signos de que, al igual que con el psicoanálisis, se da ahora un cambio de clima favorable a una mayor aceptación y desarrollo de la grafología. Saudek (el grafólogo checo) vivió durante algún tiempo en Inglaterra y efectuó importantes aportaciones (aceptables para Allport y Vernon) sobre la mecánica de la escritura, y fue la editorial Brooks la responsable de la popularización de sus investigaciones entre los lectores de habla inglesa. Jacoby vivió también durante algún tiempo en Gran Bretaña, país donde escribió su decisivo y fundamental texto: *Analysis of Handwriting*. Se trataba de un brillante grafólogo, cuya prematura muerte significó una enorme pérdida para nuestra ciencia. *Singer* también se decidió a vivir en Inglaterra, y allí escribió sus obras y siguió ejerciendo su profesión. Finalmente, *Strelisker* llegó a Inglaterra en 1939, prosiguiendo sus labores de enseñanza, investigación y consultas hasta su fallecimiento en 1962. Todavía no se han publicado sus investigaciones posteriores a 1934, y como sus obras publicadas lo fueron entre 1931 y 1934, los grafólogos no conocen aún sus últimas investigaciones relativas a la obra de Heider, el grafólogo suizo.

En Alemania la grafología ha tenido una acogida más favorable y entusiasta. Forma siempre parte integrante de cualquier curso de psicología y, de hecho, en un buen número de universidades uno puede graduarse en grafología. Cuenta con *Heiss,* catedrático de Psicología y Caracteriología —así como director del Instituto de Psicología y Caracteriología— de la Universidad de Freiburg-im-Breisgau, Alemania del Sur. Cuenta también con *Pophal,* a quien se ha nombrado catedrático de Neurología de la Universidad de Hamburgo. Está también *Bürger,* que fue catedrático de Medicina de la Universidad de Leipzig, y que trató a la grafología con sumo respeto en su obra *Die Hand des Kranken.* Y, entre otros muchos, están asimismo *Wittlich, Müller* y *Enskatt,* los dos últimos lectores de la que hace décadas fuera la Universidad de Berlín Occidental.

Podrían, por supuesto, citarse muchos nombres de los que han contribuido —y siguen contribuyendo— a la ciencia grafológica. Si he mencionado solo unos cuantos es por razones de espacio y no por ningún prejuicio por mi parte. Para una información más amplia remito al lector a la bibliografía que figura al final de esta obra, donde se reseñan ciento cincuenta títulos, seleccionados personalmente de una bibliografía de más de seiscientos. Y conviene tener en cuenta que profesores que no han escrito jamás ni una línea al respecto han impartido también valiosas enseñanzas grafológicas. Como muchos criminales que no se han sentado nunca en el banquillo de los acusados, muchos grafólogos no han aparecido jamás en letra impresa.

Figura 1.—Pauta deficiente de nivel morfológico.

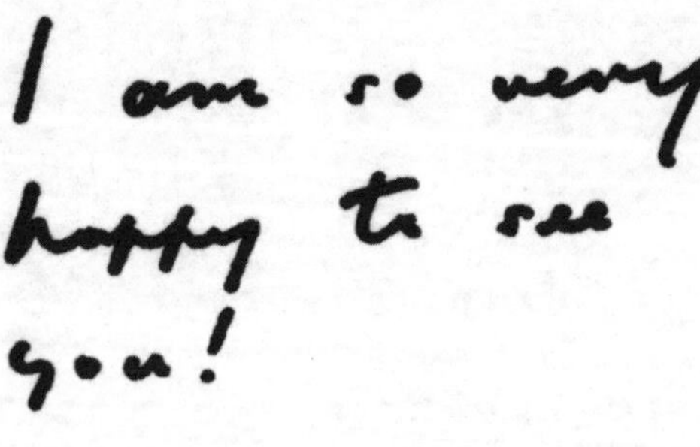

Figura 2.—Buena pauta de nivel morfológico.

5

Nivel morfológico

La teoría del nivel morfológico debe su origen y desarrollo a Ludwig Klages. En otra sección de esta misma obra hemos hecho ya mención a sus aportaciones al establecimiento de la grafología como disciplina científica y a sus posteriores avances. Los descubrimientos de Meyer, Preyer y Erlenmeyer fueron combinados y transformados por Klages en su llamada «ciencia de la expresión». Enseñó que existe una correspondencia entre los distintos aspectos del movimiento, la expresión facial, el habla y la escritura. Tienen un «nivel morfológico» común, que se evalúa según el «ritmo» del movimiento del individuo; y, según Klages, *ritmo* es algo indefinible que solo puede comprenderse por medio de la «intuición». De este modo, el nivel morfológico de un texto escrito constituye el criterio básico de sus cualidades en general. Así pues, antes de pasar a examinar las características aisladas de un texto escrito se debe examinar la totalidad de la muestra para determinar su nivel morfológico. Si el nivel morfológico se evalúa «por encima de la media», se elegirán los aspectos positivos de las características del individuo en cuestión. Si el nivel morfológico se evalúa «por debajo de la media», se elegirán los aspectos negativos de las características del individuo. Si el nivel morfológico se evalúa como «medio», habrá que tomar en consideración ambos polos de cada característica para determinar cuál de ellos, por pequeño que sea el grado de polarización constituye la interpretación más apropiada. Puede darse también una ambivalencia: la presencia simultánea de ambos polos e idéntica intensidad.

La teoría de Klages del nivel morfológico ha sido en gran medida aceptada por la escuela alemana de grafología, pero sumamente criticada y esencialmente rechazada por los grafólogos ajenos a la órbita cultural alemana. Pero si se acepta la tesis de que la grafología es una «Geisteswissenschaft», que yo sostengo, dicha crítica y dicho rechazo constituyen un error total, así como una grave pérdida para la evolución de la grafología. Es cierto que el estilo literario de Klages resulta pesado y pedante, aunque no más de lo que suele ocurrir con bastantes académicos e intelectuales germanos, pero gran parte de las críticas contra él dirigidas no están solo mal informadas, sino que son también personalistas y cargadas de prejuicios. Se afirma que muy pocos logran entender sus escritos, pero posiblemente sus propios críticos se cuentan entre esos pocos elegidos. Román se muestra de acuerdo con Kroeber-Keneth, quien estigmatizó el fenómeno intangible del ritmo como método inaceptable con las palabras: «... la evaluación del ayer» (*Die Leserlichkeit der Handschrift,* en el vol. XII, 4-5, 1936, de *Industrielle Psychotechnik*). Posteriormente acepta el juicio de Angyal cuando este afirma que «la teoría de Klages exagera el conflicto entre lo que denomina *Geist* (función mental consciente, espíritu) y *Seele* (vida sensitiva, alma). Para él ambas son fuerzas antagónicas. Según Klages, el *Geist* penetra en la vida desde fuera como una cuña, causando... una grieta fundamental... Klages... considera a la mente como un factor que trastorna la vida, como un *Lebensstörung (Foundations For a Science of Personality,* Nueva York, 1941).

Aunque pretendo no verme arrastrado a los juegos de la metafísica y no participar en un gigantesco *puzzle* de palabras, no tengo más remedio que formular los siguientes comentarios:

Estas críticas al papel de la intuición, citadas por Roman, hacen caso omiso de los puntos de vista de Bergson, el destacado filósofo francés, quien trazó una distinción básica entre *tiempo* (concepto matemático propio del pensamiento atomístico del intelecto) y *duración* (concepto metafísico más adecuado para las visiones de la intuición). El pensamiento matemático y racional del intelecto nos permite seguir con nuestras rutinas diarias y mantener nuestra cordura deteniendo el flujo de la vida, por así decirlo, y preocupándonos de la reproducción estática de cada uno de los aspectos individuales de dicho flujo o corriente. Pero lo único que da a la vida su sentido o configuración, en una palabra, su *Gestalt*, es precisamente ese flujo o movimiento. Y el significado del término *Gestalt* solo puede *comprenderse* por medio de la *intuición*.

Una vez más, cuando Klages emplea las palabras *Geist* y *Seele*, lo hace oponiendo la una a la otra; de hecho, el titulo de su obra más importante es *Der Geist ais Widerschaffer der Seele* (*El «Geist» como contradicción del «Seele»*). En este contexto cabe traducir *Geist* por «mente consciente», y *Seele* por «vida instintiva» (véase la pág. 114).

Si profundizamos en esta polaridad entre *Geist* y *Seele* enmarcándola en el contexto conceptual del psicoanálisis freudiano, comprobaremos que bajo el término *Geist* podemos incluir:

a) Los *procesos secundarios*, que obedecen a las leyes de la gramática y la lógica formal, emplean energías instintivas reprimidas, y se rigen por el «principio de realidad»;

b) el *principio de realidad*, que reduce las molestias de las tensiones instintivas mediante una conducta adaptable;

c) el *ego*, que es la parte del «id» que se ha visto modificada por la influencia directa del mundo externo;

d) la *represión secundaria*, que completa la tarea de la «represión primaria», en la medida en que mantiene en el inconsciente manifestaciones disfrazadas de impulsos instintivos inaceptables;

e) la *sublimación*, que es el proceso evolutivo por el que se descargan las energías instintivas en las modalidades no instintivas de conducta o comportamiento que denominamos *cultura*.

Y bajo el término *Seele*, podemos incluir:

a) los *procesos primarios*, que caracterizan a la actividad mental inconsciente, ignoran las leyes de la gramática y la lógica formal, emplean energías instintivas no reprimidas, y se rigen por el «principio del placer».

b) el *principio del placer*, que reduce las molestias de las tensiones instintivas mediante una actividad inmediata que hace caso omiso de consideraciones de realidad;

c) el *id*, que «contiene todo lo que se encuentra presente en el momento del nacimiento, que es inherente a la constitución del individuo; y, por tanto, sobre todo los instintos, que se derivan de la organización somática y que encuentran su primera expresión física aquí (en el *id*) en formas desconocidas para nosotros» (Freud, 1940);

d) la *represión primaria*, mediante la cual se impide la aparición inicial de un impulso inaceptable;

e) las *descargas instintivas*, acompañadas de la «satisfacción de los instintos», que se derivan de las emociones experimentadas cuando se reducen las tensiones instintivas haciendo caso omiso de consideraciones de realidad.

Si se comparan los conceptos freudianos reseñados bajo el término *Geist*, se verá claramente que el desarrollo de la «mente» es algo fundamentalmente opuesto a la libre expresión de la «vida». En este sentido, *mente* (*Geist*) constituye en verdad un factor que trastorna la *vida* (*Seele*), un *Le-bensstörung* («una influencia inhibitoria y contraria a la vida»). *Por tanto, y en este sentido, Klages tiene razón.* Con relación a las consiguientes especulaciones metafísicas de Klages, no nos interesan para nuestro trabajo ni tenemos, pues, que ocupamos de ellas. Ha demostrado la importancia de la «polaridad», de la intuición y del afán de perfección Ha puesto asimismo de relieve el clásico punto de vista psicoanalítico de que la *«mente» debe su origen y evolución a la «tensión o ansiedad»*. El hecho de que en la vida sea necesaria una cantidad máxima o mínima de «tensión o ansiedad» no invalida la teoría de Klages de que el comienzo del *Geist* es asimismo el de la *tensión o ansiedad*, el del *Lebens-störung*.

No obstante, y por razones prácticas, evaluamos la calidad del nivel morfológico tomando en consideración:

a) la originalidad de la escritura (véase la página 79).

b) la naturalidad o artificiosidad de la escritura (véanse las págs. 79 y 101);

c) la distribución de los espacios (véase la página 67).

Como consecuencia de estas consideraciones, la calidad del nivel morfológico se determina como:

a) por encima de la media,

b) media,

c) por debajo de la media.

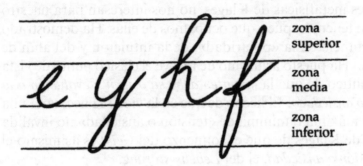

Figura 3.—Zonas de un escrito.

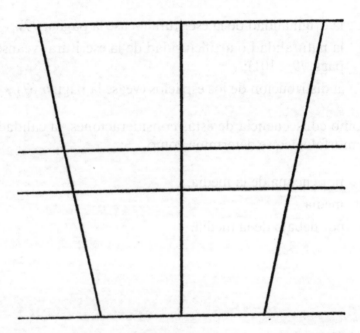

Control	Distanciamiento	Espontaneidad
Inhibición	Independencia	Sociabilidad
Egocentrismo	Neutralidad	Extraversión
Introversión	Autosuficiencia	Radicalismo
Conservadurismo	Relajamiento	

Figura 4.—Dirección de un escrito.

6

Direcciones y zonas de la escritura

La escritura se desplaza tanto sobre el plano horizontal como sobre el vertical. En el plano horizontal hay tres direcciones: hacia la izquierda o atrás, derecha o vertical, y hacia la derecha o adelante. En el plano vertical existen también tres zonas: la superior, la media y la inferior.

Las letras que contienen trazos superiores que se extienden por la zona superior son: *b, d, b,k,l* y *t,* así como todas las mayúsculas. Las letras que se limitan a la zona media son: *a, c, e, m, n, o, r, s, u, v, w, x.* Las letras que contienen trazos inferiores que se extienden por la zona inferior son: *g, j, p, q, y, z.* La única letra que ocupa las tres zonas es la *f;* todas ellas ocupan la zona media, tanto las que se extienden por la zona superior como las que lo hacen por la inferior.

Debe recordarse que la escritura es el camino que conduce desde el «Yo» al «Tú», tal como la definió Pulver. Los freudianos dirían que *simboliza la relación entre el ego y sus objetos (medio).* En consecuencia, cualquier impulso hacia adelante o hacia la derecha del autor de un escrito expresa su deseo de salir de sí mismo, hacia el mundo y hacia la vida; cuanto más se aproxime su escritura a la perpendicular, menos se volcará al mundo y a la vida, y cuanto más se incline su escritura hacia atrás, más introvertido será, más reacio a volcarse en el mundo y la vida. El que escribe con inclinación hacia adelante es un extrovertido que se preocupa del mundo exterior, en el que desea dejar su huella, tanto en la gente como en las cosas; el que escribe con inclinación hacia atrás es un introvertido, preocupado por el mundo interior de los pensamientos, sentimientos y visiones; el que escribe perpendicularmente es un individuo neutral con grados moderados de extraversión e introversión en su carácter, y si el autor de un escrito vacila entre la inclinación hacia adelante y la inclinación hacia atrás, estará demostrando actitudes ambivalentes con respecto al mundo y a la vida; si oscila incluso dentro de una misma palabra, su ambivalencia será pronunciada. Por supuesto, ninguna escritura se inclina indefectiblemente en una única dirección. *Lo que se busca es la inclinación básica fundamental.*

Cuando el instrumento con el que se escribe se desplaza hacia la zona superior, es gracias a la acción de los músculos extensores. Se trata de un movimiento de alejamiento del cuerpo del propio autor del escrito, y simboliza una esfera psicológica de reflexión y meditación, de abstracción y especulación, que no se ve afectada por consideraciones materiales; pero cuando dicho instrumento se desplaza hacia la zona inferior, lo hace por medio de los músculos flexores. Se trata de un movimiento de acercamiento al cuerpo del propio autor del escrito, y simboliza una esfera psicológica de instintos primitivos y materialismo, de irracionalidad. Conviene señalar no obstante que mientras los movimientos flexores van acompañados de sensaciones de placer, los movimientos tensores van acompañados de sensaciones de desagrado. Entre las zonas superior e inferior se encuentra la zona media, que simboliza el equilibrio entre las esferas cultural e instintiva de la personalidad, el equilibrio dinámico, el ajuste práctico exigido a cualquier organismo vivo. Cualquier manual de geometría afirmará que la distancia más corta entre dos puntos es la línea recta, pero un texto escrito consistente en una línea recta carecería de sentido y de capacidad de comunicación, y llegaríamos a la conclusión de que la mente de su autor había dejado también de tener sentido; en otras palabras, que se encontraba en un estado de despersonalización, de psicosis. Así, para que nuestra comunicación tenga algún sentido o significado es necesario que se produzca alguna incursión en la zona superior o inferior —aunque, en términos estrictos y puramente teóricos, se trataría de una señal de la poca disposición a avanzar, a comunicarse, a extrovertirse—. Una vez más, el axioma extremadamente teórico de que la distancia más corta entre dos puntos es la línea recta, parecería indicar que la solución es la máxima extroversión posible. Pero la máxima extroversión, *la escritura absolutamente inclinada hacia adelante o hacia la derecha, carecería totalmente de sentido como comunicación del «Yo» al «Tú»*. Y dicha extroversión máxima —al igual que el empleo extremo de la zona media reducida a su mínimo grosor— indicaría la falta de sentido o significado de la mente extrovertida al máximo. Estas observaciones son igualmente aplicables a la escritura inclinada al máximo hacia atrás o hacia la izquierda, a la máxima introversión. El lenguaje escrito reconoce este hecho, pues las letras del alfabeto permiten al autor de un escrito expresarse más claramente mediante incursiones en las zonas superior e inferior. Cabe asimismo indicar que una escritura enredada o enroscada puede servir para diagnosticar excitabilidad nerviosa, poca resistencia, indecisión, histeria.

En la firma de Hitler las distintas letras se atropellan unas encima de las otras hacia la derecha, intentando de ese modo *alcanzar la teórica línea recta de una comunicación sin significado o sentido.*

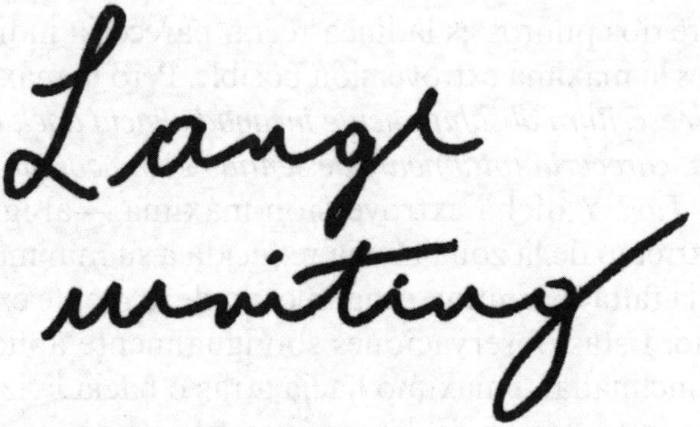

Large writing

Figura 5.—Tamaño de un escrito: grande.

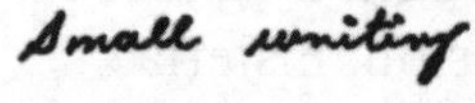

Small writing

Figura 6.—Tamaño de un escrito: pequeño.

7

Tamaño del escrito

El tamaño del escrito simboliza fundamentalmente la evaluación que hace de sí mismo su autor.

Se calcula según el tamaño de las letras minúsculas; el normal es de una octava parte de pulgada, o tres milímetros.

Un tamaño grande puede interpretarse en un sentido positivo, como superioridad, seriedad, orgullo, generosidad.

Pero también puede interpretarse en sentido negativo, como arrogancia, fanfarronería, pompa, soberbia.

Un tamaño pequeño puede interpretarse en un sentido positivo, como devoción, respeto, humildad, tolerancia.

Pero también puede interpretarse en sentido negativo, como sentimientos de inferioridad, falta de ánimo, de confianza en uno mismo, miedo.

right slant

Figura 7.—Sesgo hacia la derecha.

upright

Figura 8.—Sesgo vertical o recto.

left slant

Figura 9.—Sesgo hacia la izquierda.

8

Sesgo o ángulo de la escritura

Existen tres sesgos o ángulos de escritura fundamentales:

a) hacia la derecha;
b) recto;
c) hacia la izquierda.

El sesgo hacia la derecha simboliza extroversión y avance, un salir de uno mismo hacia el mundo y la vida.

La escritura recta o derecha simboliza distanciamiento y auto-suficiencia en lo que se refiere al mundo y la vida.

El sesgo hacia la izquierda simboliza introversión y regresión, un encerrarse en el ego, lejos del mundo y de la vida.

Un escrito inclinado hacia la derecha —con un ángulo o sesgo de entre 95 y 145 grados— puede interpretarse en un sentido positivo como actividad, simpatía, sociabilidad y expresividad.

En un sentido negativo puede interpretarse como intranquilidad, apresuramiento, poca moderación o histeria.

Un escrito recto o derecho —con un ángulo o sesgo de entre 85 y 95 grados— puede interpretarse en un sentido positivo como neutralidad, dominio de la razón, autocontrol o reserva.

En un sentido negativo puede interpretarse como egoísmo, falta de compasión, frialdad o rigidez.

Un escrito inclinado hacia la izquierda —con un ángulo o sesgo de menos de 85 grados— puede interpretarse en un sentido positivo como capacidad de renuncia, autocontrol, reserva o mentalidad conservadora.

En un sentido negativo, puede interpretarse como afectación, egoísmo, distanciamiento o temor al futuro.

Un escrito inclinado hacia la derecha con un ángulo o sesgo de más de 145 grados debe interpretarse en un sentido negativo, al igual que un escrito inclinado hacia la izquierda con un ángulo o sesgo de menos de 60 grados.

Figura 10.—Escritura estrecha.

Figura 11.—Escritura ancha.

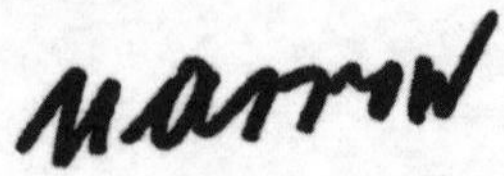

Figura 12.—Escritura estrecha.

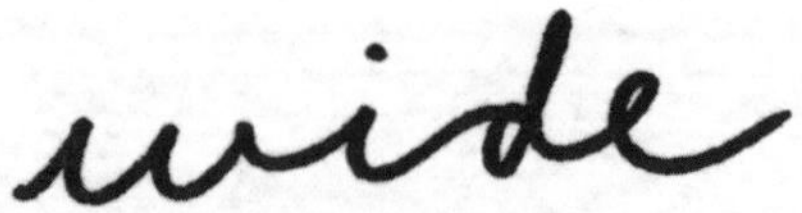

Figura 13.—Escritura ancha.

9

Anchura y estrechez

En una escritura ancha la distancia entre los trazos descendentes de las minúsculas es mayor que su altura.

En la escritura normal la distancia entre los trazos descendentes de las minúsculas es igual a su altura.

En una escritura estrecha la distancia entre los trazos descendentes de las minúsculas es menor que su altura.

Una escritura ancha simboliza extraversión, un movimiento centrífugo (hacia fuera), dirigido a la sociedad, el mundo y la vida. Puede haber *élan* y expansión, simpatía y vivacidad. En las relaciones personales no existen inhibiciones.

Una escritura estrecha simboliza introversión, un movimiento centrípeto hacia el ego. Puede haber inhibición o autocontrol, modestia o timidez. En las relaciones personales se dan inhibiciones.

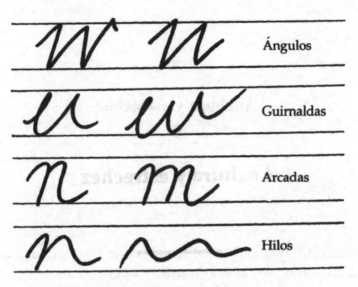

Ángulos

Guirnaldas

Arcadas

Hilos

Figura 14.—Formas de conexión.

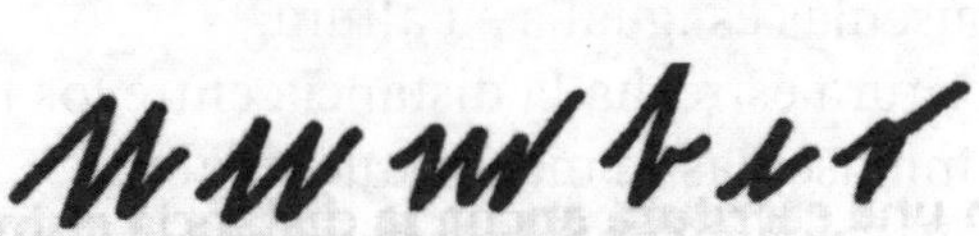

Figura 15.—Escritura angular.

Figura 16.—Escritura en guirnaldas.

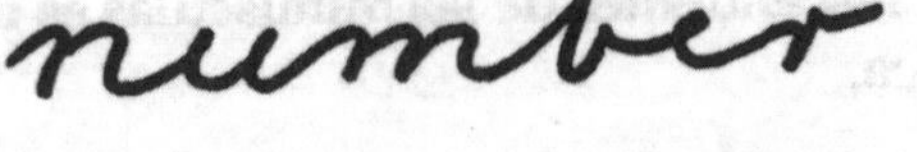

Figura 17.—Escritura en arcadas.

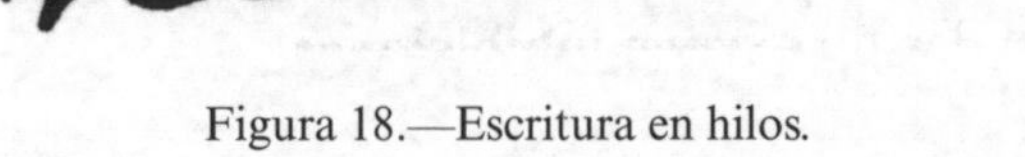

Figura 18.—Escritura en hilos.

10

Conexiones

La forma de conexión tiene una gran importancia. Conexión significa el modo en que, por medio de curvas o ángulos, se unen los trazos ascendentes y descendentes de las letras de la zona media. Constituye la característica fundamental de dicha zona, siendo el núcleo real de la forma del movimiento escrito que va desde el «yo» al «tú». Por la forma de la conexión podemos deducir la capacidad del autor del escrito para ajustarse o adaptarse al trabajo, la sociedad y la vida. Se trata también de la más difícil de ocultar de todas las características de la escritura, y reviste por tanto una enorme importancia para la investigación de las falsificaciones.

Existen cuatro tipos principales de conexión:

a) ángulos;
b) guirnaldas;
c) arcadas;
e) hilos.

La forma angular de conexión simboliza resistencia.

En un sentido positivo puede interpretarse como estabilidad, persistencia, energía o sinceridad.

En sentido negativo, como rigidez, dureza, testarudez o afán de pendencia.

La conexión por medio de guirnaldas simboliza naturalidad. En un sentido positivo puede interpretarse como franqueza, sociabilidad, hospitalidad o abordabilidad.

En sentido negativo, como inestabilidad, dependencia, irresolución o pereza.

La conexión en forma de arcadas simboliza reserva. En un sentido positivo puede interpretarse como diplomacia, distanciamiento, escepticismo o taciturnidad.

En sentido negativo, como artificialidad, estrechez, mendacidad o capacidad para la intriga.

La conexión en forma de hilos simboliza adaptabilidad emocional.

En un sentido positivo puede interpretarse como talento psicológico, excitabilidad, flexibilidad o versatilidad.

En sentido negativo, como histeria, engaño, mimetismo o indefinición.

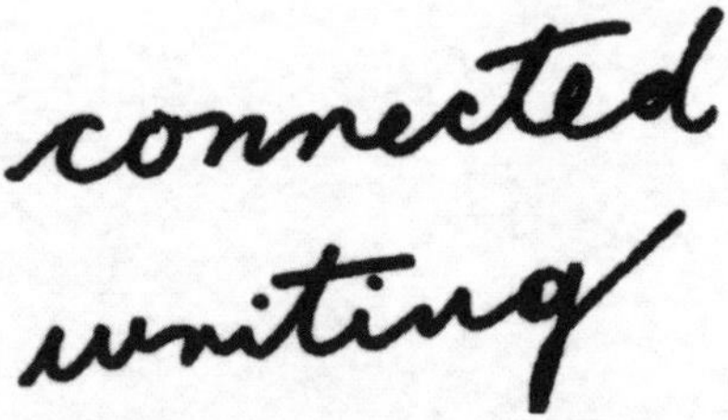

connected writing

Figura 19.—Escrito conexionado.

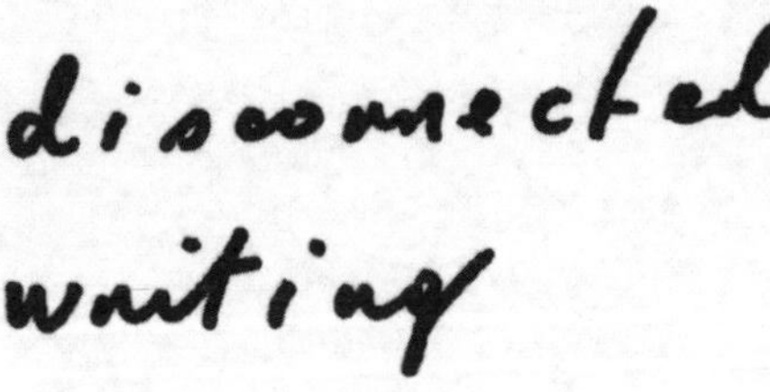

disconnected writing

Figura 20.—Escrito desconexionado.

11

Conexidad

La conexidad muestra hasta qué punto se ha logrado una adaptación. Indica cuál es el acoplamiento real y social del autor del escrito a su medio. *Constituye asimismo el criterio por el cual se juzga su capacidad para la reflexión lógica y consecuente.*

Un escrito conexionado es aquel en el que se escriben cinco o más letras de una sola vez. No cuentan las interrupciones en la escritura debidas al punto que se pone sobre la *i* o a la barra horizontal de la *t.*

Un escrito desconexionado es aquel en el que de una sola vez se escriben solo cuatro letras o menos. No tiene este carácter la escritura estilo imprenta.

Un escrito conexionado puede interpretarse en un sentido positivo como pensamiento lógico y consecuente, cooperación, perseverancia en los empeños o inteligencia reproductiva.

En sentido negativo puede interpretarse como adaptabilidad excesiva, pesadez mental, pobreza de ideas o escapismo.

Un escrito desconexionado puede interpretarse en un sentido positivo como pensamiento intuitivo, confianza en uno mismo, individualismo u observación productiva.

En sentido negativo, como egocentrismo, inestabilidad mental, incoherencia o aislamiento.

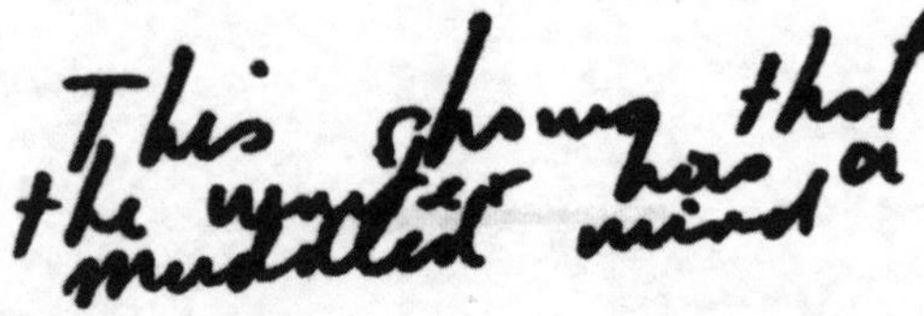

(Traducción del texto: *Este escrito demuestra que su autor posee una mente desorganizada.*)

Figura 21.—Espaciado deficiente.

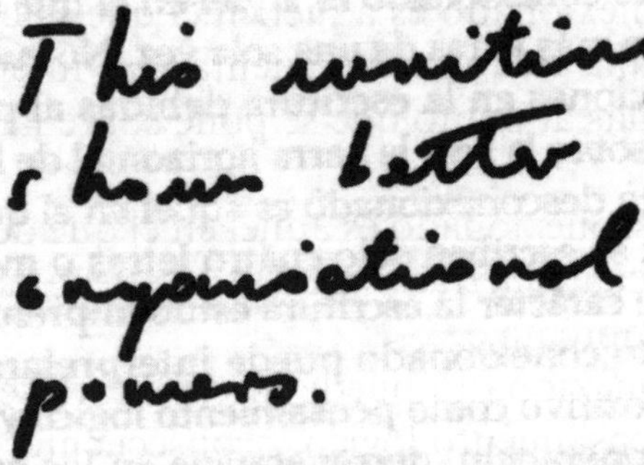

(Traducción del texto: *Esta forma de escribir demuestra mejores capacidades organizativas.*)

Figura 22.—Buen espaciado.

12

Distribución del espacio entre las palabras y los renglones

La distribución del espacio entre las palabras y los renglones simboliza las capacidades organizativas.

Un escrito con amplia distribución espacial puede interpretarse en un sentido positivo como formalidad, pensamiento ordenado, generosidad o capacidad creadora.

En sentido negativo, como falta de espontaneidad, derroche, aislamiento o desconsideración.

Un escrito con una distribución espacial angosta puede interpretarse en un sentido positivo como espontaneidad, economía, informalidad o pensamiento instintivo.

En sentido negativo, como irreflexión, avaricia, familiaridad o pensamiento confuso.

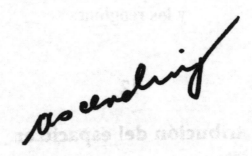

Figura 23.—Dirección de las líneas o renglones: ascendente.

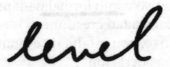

Figura 24.—Dirección de las líneas o renglones: nivelada u horizontal.

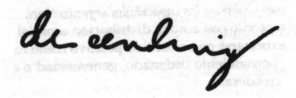

Figura 25.—Dirección de las líneas o renglones: descendente.

13

Dirección de las líneas o las renglones

Las líneas o renglones de un escrito pueden tener una dirección predominantemente horizontal, ascendente o descendente. *La dirección de las líneas o renglones simbolizan estados de ánimo que pueden ser puramente momentáneos o de carácter más duradero.* Por tanto, si para el análisis se cuenta solo con una muestra de escritura, y a menos que las evidencias que aporte globalmente consideradas sean suficientemente convincentes, será más seguro omitir cualquier evaluación basada en la dirección de las líneas o renglones.

Las líneas o renglones ascendentes pueden interpretarse en un sentido positivo como ambición, optimismo, celo o solidez mental.

En sentido negativo, como ira, escaso sentido de la realidad, frivolidad o inestabilidad.

Las líneas o los renglones descendentes pueden interpretarse en un sentido positivo como depresión, cansancio, pesimismo o hipersensibilidad.

En sentido negativo, como agotamiento, poca fuerza de voluntad, enfermedad o tendencia al suicidio.

Las líneas o los renglones horizontales pueden interpretarse en un sentido positivo como metodicidad, constancia, perseverancia o control emocional.

En sentido negativo, como pedantería, inexpresividad, sosería o rigidez.

regularity

Figura 26.—Escritura regular.

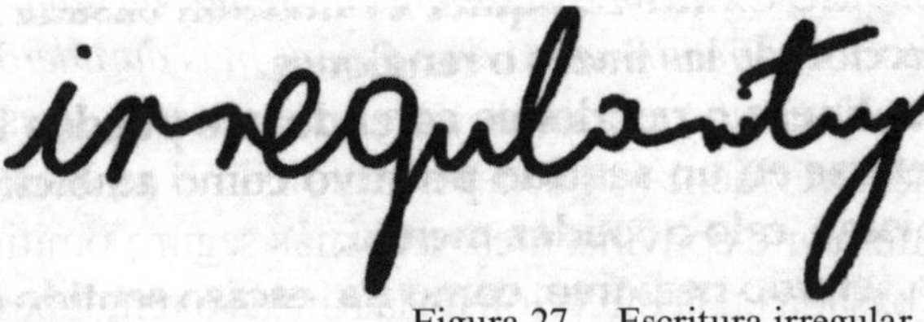

irregularity

Figura 27.—Escritura irregular.

14

Regularidad e irregularidad

La regularidad de un escrito simboliza control.
Se determina por:

a) La regularidad de la altura de los trazos descendentes en la zona media.

b) La regularidad de la altura y la distancia de los trazos descendentes de la zona media.

c) La regularidad del sesgo o ángulo.

La regularidad puede interpretarse en un sentido positivo como autodominio, resistencia, armonía, moderación.

En sentido negativo, como frialdad, sosería, carácter estereotipado, indiferencia.

La irregularidad de un escrito simboliza emocionalidad.

La irregularidad puede interpretarse en un sentido positivo como impulsividad, calor humano, creatividad, impresionabilidad.

En sentido negativo, como inestabilidad de carácter, irritabilidad, carácter caprichoso, excitabilidad.

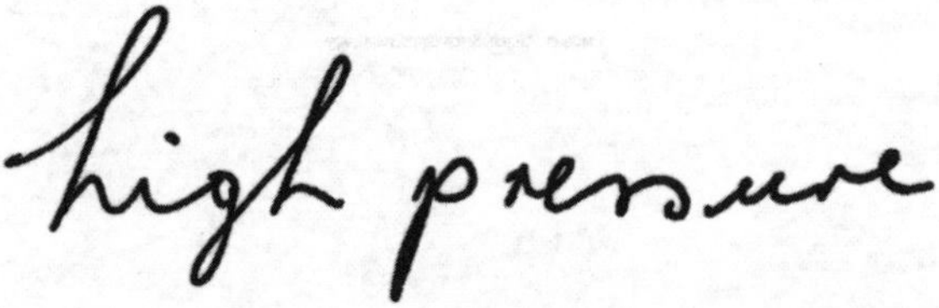

high pressure

Figura 28.—Presión elevada.

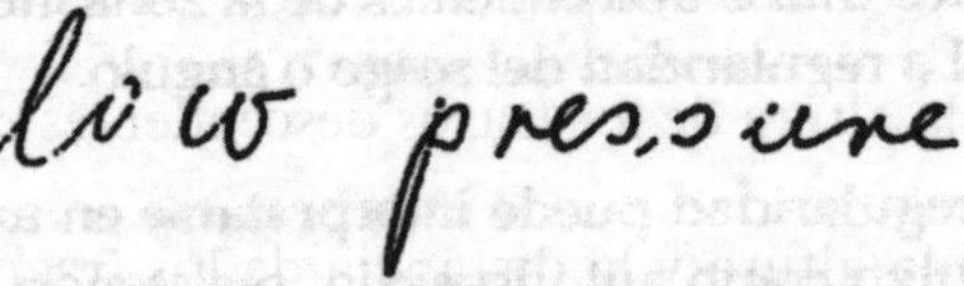

low pressure

Figura 29.—Presión leve.

15

Presión

Una elevada presión combinada con una escritura regular simboliza fuerza de voluntad.
Puede interpretarse en un sentido positivo como tenacidad, fiabilidad, energía, autocontrol.
En sentido negativo, como vanidad, rudeza, pesadez, testarudez.
Combinada con una escritura irregular simboliza emotividad.
Puede interpretarse en un sentido positivo como adaptabilidad, receptividad, vitalidad, impulsividad.
En sentido negativo, como agresividad, brutalidad, irritabilidad, excitabilidad.
Una presión leve combinada con una escritura regular simboliza adaptabilidad.
Puede interpretarse en un sentido positivo como modestia, agilidad, movilidad, femineidad.
En sentido negativo, como falta de iniciativa, de energía, entegrismo, inestabilidad.
Combinada con una escritura irregular simboliza receptibilidad.
Puede interpretarse en un sentido positivo como idealismo, capacidad de ensoñación, impresionabilidad, sensibilidad.
En sentido negativo, como timidez, debilidad, pasividad, superficialidad.

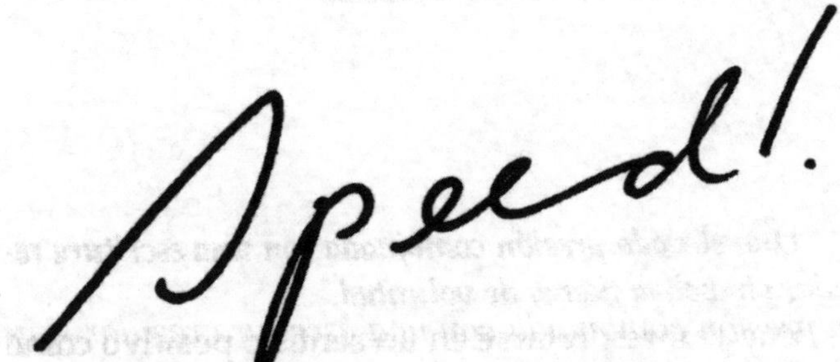

Figura 30.—Rapidez.

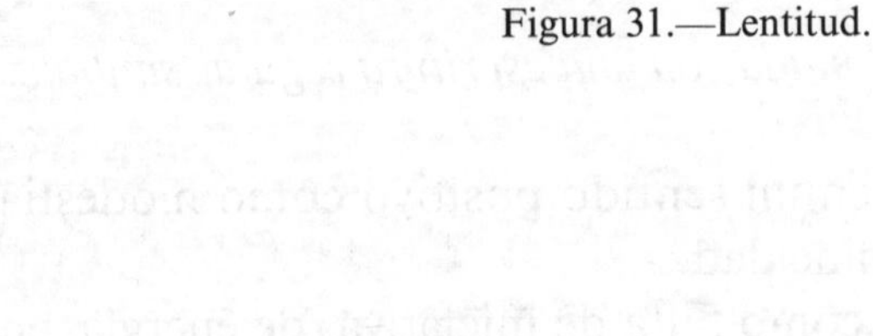

Figura 31.—Lentitud.

16

Rapidez o apresuramiento

Un escrito rápido o apresurado puede interpretarse en un sentido positivo como espontaneidad, generosidad, extroversión, confianza en uno mismo.

En sentido negativo, como carencia de designios, escapismo, fanfarronería, agudeza.

Un escrito lento puede interpretarse en un sentido positivo como consideración, cautela, estabilidad e introversión.

En sentido negativo, como pereza, irresolución, insinceridad, inactividad.

La rapidez o apresuramiento se determina por:

a) el inacabado de las últimas letras de las palabras;
b) la conexión en forma de guirnaldas o hilos;
c) la omisión de los puntos de las «íes» o de las barras de las «tes», o su colocación más hacia la derecha;
d) la originalidad;
e) la naturalidad;
f) una buena distribución de los espacios;
g) la simplificación;
h) la conexidad;
i) una escritura ancha;
j) líneas o renglones ascendentes;

k) predominio de las tendencias de desplazamiento hacia la derecha;

l) sesgo o ángulo hacia adelante o hacia la derecha;

m) una escritura grande;

n) una presión irregular.

La lentitud se determina por:

a) el acabado de las últimas letras de las palabras;

b) la conexión en forma de ángulos;

c) la colocación de los puntos de las «íes» y de las barras de las «tes», o su adelantamiento hacia la izquierda;

d) la falta de originalidad;

e) la artificiosidad;

f) una deficiente distribución de los espacios;

g) la ornamentación, los adornos, las florituras;

h) la desconexidad;

i) una escritura estrecha;

j) líneas o renglones descendentes;

k) predominio de las tendencias de desplazamiento hacia la izquierda;

l) sesgo o ángulo hacia atrás o hacia la izquierda;

m) una escritura pequeña;

n) una presión irregular.

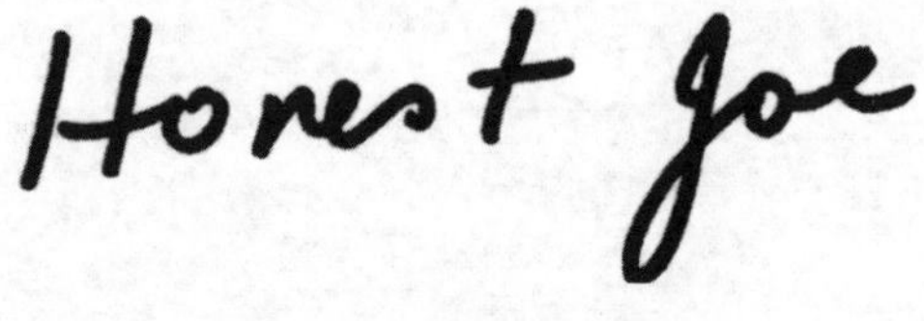

Figura 32.—Simplificación.

Figura 33.—Ornamentación.

17

Ornamentación y simplificación

La ornamentación consiste en añadidos o florituras no prescritos por el modelo de escritura elegido.

La simplificación, *que no debe identificarse con la finura o delgadez,* consiste en el empleo de formas básicas de las letras que siguen, sin embargo, resultando legibles.

La ornamentación puede interpretarse en un sentido positivo como originalidad, sentido de las formas, creatividad, orgullo.

En sentido negativo, como afectación, vulgaridad, vanidad, insinceridad.

La simplificación puede interpretarse en un sentido positivo como madurez, sencillez, sentido de lo esencial, orden.

En sentido negativo, como carencia de sentido de las formas, poca fiabilidad, falta de tacto, insinceridad.

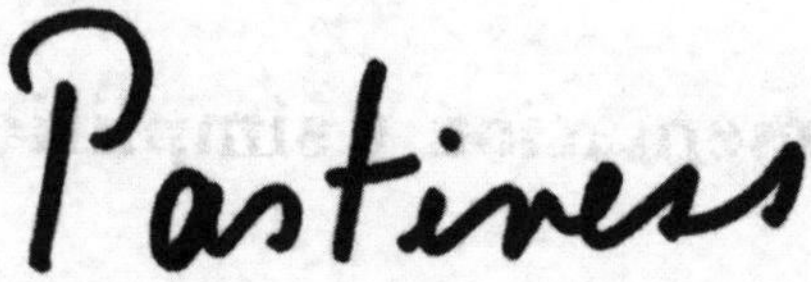

Pastiness

Figura 34.—Pastosidad.

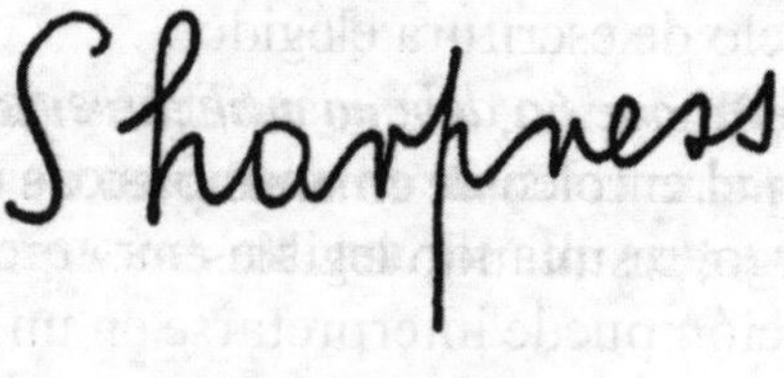

Sharpness

Figura 35.—Finura.

18

Pastosidad y finura

La pastosidad de un escrito simboliza materialismo.
Se produce cuando el instrumento empleado para escribir se sujeta con un ángulo considerablemente inferior a 90 grados. La escritura se efectúa en ese caso con la parte más plana del instrumento en lugar de con la punta. Los trazos pastosos no tienen nunca menos de 1/50 de pulgada y los trazos ascendentes y descendentes tienen el mismo grosor.

La pastosidad puede interpretarse en un sentido positivo como calor humano, naturalidad, sentido del color, sensualidad refinada.

En sentido negativo, como sensualismo grosero, crudeza, materialismo excesivo, poco refinamiento.

La finura de un escrito simboliza abstracción.
Se produce cuando el instrumento utilizado para escribir se sujeta con un ángulo de aproximadamente 90 grados. De este modo la escritura se efectúa con la punta del instrumento en lugar de con su parte más plana. Los trazos finos no tienen nunca más de 1/50 de pulgada y los trazos ascendentes y descendentes tienen distinto grosor.

La finura puede interpretarse en un sentido positivo como mentalidad analítica, espiritualidad, tenacidad, vitalidad.

En sentido negativo, como irritabilidad, resentimiento, criticismo, frialdad.

Figura 36.—Plenitud o redondez en la zona superior.

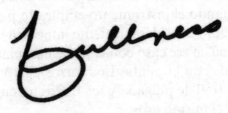

Figura 37.—Plenitud o redondez en la zona media.

Figura 38.—Plenitud o redondez en la zona inferior.

Figura 39.—Delgadez en la zona superior.

Figura 40.—Delgadez en la zona media.

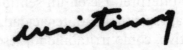

Figura 41.—Delgadez en la zona inferior.

19

Plenitud y delgadez

Un escrito pleno es aquel en el que las letras, especialmente las que tienen bucles, son mayores que las del modelo de escritura elegido.

Un escrito delgado es aquel en el que las letras, también especialmente las que tienen bucles, son menores que las del modelo de escritura elegido.

La plenitud en la zona superior puede interpretarse en un sentido positivo como visión, imaginación, expresividad en el hablar, intuición.

En sentido negativo, como soñar despierto, petulancia, falta de autocrítica, utopismo.

La plenitud en la zona media puede interpretarse en un sentido positivo como sociabilidad, emotividad, afabilidad, calor humano.

En sentido negativo, como arribismo, convencionalidad, hospitalidad forzada, exceso de confianza.

La plenitud en la zona inferior puede interpretarse en un sentido positivo como fantasías y comportamiento eróticos, sensualidad, materialismo, intereses relacionados con la naturaleza.

En sentido negativo, como fantasías y comportamiento pervertidos, sensualismo, prosaísmo, materialismo grosero.

La delgadez en la zona superior puede interpretarse en un sentido positivo como tendencias éticas, pensamiento racional, mentalidad analítica, claridad mental.

En sentido negativo, como irritabilidad, criticismo, falta de ideas, carencia de imaginación.

La delgadez en la zona media puede interpretarse en un sentido positivo como ir al grano, control emocional, capacidad de discriminación, calma.

En sentido negativo, como rigidez, *esnobismo,* falta de recursos propios, frialdad.

La delgadez en la zona inferior puede interpretarse en un sentido positivo como respeto a los principios religiosos y éticos, sublimación sexual, mentalidad emprendedora, realismo.

En sentido negativo, como pesimismo, represión sexual, conciencia neurótica, manía por el dinero.

Figura 42.—Izquierda y derecha en la zona superior.

Figura 43.—Izquierda y derecha en la zona media.

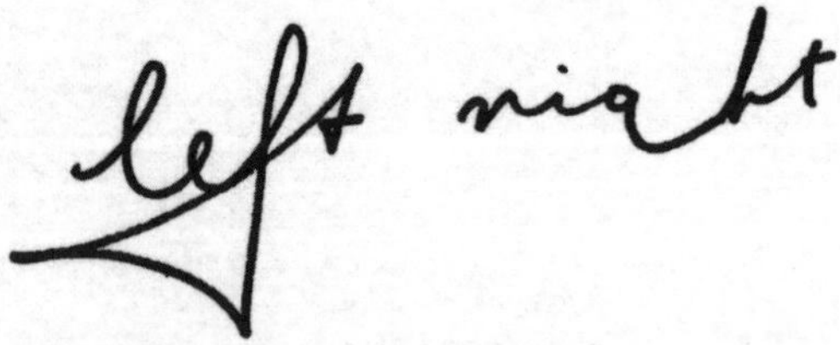

Figura 44.—Izquierda y derecha en la zona inferior.

20

Tendencias hacia la izquierda
y la derecha en las zonas

Los movimientos con tendencia hacia la izquierda se descubren en los trazos que, según el modelo de escritura elegido, deberían escribirse con un sesgo hacia la derecha. Los tendentes a la derecha, o bien se omiten, o bien se escriben con movimientos tendentes a la izquierda. Se exageran los movimientos normales tendentes a la izquierda.

Los movimientos con tendencia hacia la derecha se descubren en los trazos que, según el modelo de escritura elegido, deberían escribirse con un sesgo hacia la izquierda. Los tendentes a la izquierda, o bien se omiten, o bien se escriben con movimientos tendentes a la derecha. Se exageran los movimientos normales tendentes a la derecha.

Las tendencias hacia la izquierda simbolizan control, inhibición, egocentrismo, introversión.

Las tendencias hacia la derecha simbolizan relajamiento, espontaneidad, sociabilidad, extroversión.

Las tendencias hacia la izquierda y hacia la derecha pueden encontrarse en una o dos, o en las tres zonas de un escrito. *Pero lo que hay que determinar es el predominio de un movimiento concreto.*

Los movimientos tendentes a la izquierda en la zona superior pueden interpretarse en un sentido positivo como capacidad reflexiva, libertad intelectual y moral, recogimiento personal, capacidad de observación.

En sentido negativo, como egoísmo, especulación, resentimiento, pseudointelectualismo.

Los movimientos tendentes a la izquierda en la zona media pueden interpretarse en un sentido positivo como confianza en uno mismo, seguridad, instinto de conservación, independencia.

En sentido negativo, como falsedad, retorcimiento, egoísmo, insinceridad.

Los movimientos tendentes a la izquierda en la zona inferior pueden interpretarse en un sentido positivo como impresionabilidad mística, instintos maternales, percepción intuitiva del pasado, simpatía pasiva.

En sentido negativo, como inversión sexual, narcisismo, adición a las drogas, tendencias paranoicas.

Los movimientos tendentes a la derecha en la zona superior pueden interpretarse en un sentido positivo como empatía, impresionabilidad, rapidez de pensamiento, racionalidad.

En sentido negativo, como apresuramiento en la extracción de conclusiones, sugestionabilidad, superficialidad de pensamiento, fácil olvido.

Los movimientos tendentes a la derecha en la zona media pueden interpretarse en un sentido positivo como altruismo, simpatía activa, voluntad de ayudar, carácter emprendedor.

En sentido negativo, como utopismo, sentimentalismo, sociabilidad discriminatoria, inestabilidad.

Los movimientos tendentes a la derecha de la zona inferior se interpretan en sentido positivo como destreza, comprensión instintiva, capacidad de concentración, progreso realista.

En sentido negativo, como astucia, rehuir unos contactos estrechos, explotación materialista.

21

Márgenes

La anchura de los márgenes varía según las costumbres del país de que se trate. En Alemania, por ejemplo, los escritos tienden a dejar un amplio margen a la izquierda. En Norteamérica, por el contrario, los escritos omiten muchas veces dicho margen. No obstante, y con relación a los escritos ingleses, pueden darse como válidos los siguientes puntos:

a)   el margen izquierdo simboliza el pasado y el ego;
b)   el margen derecho simboliza el futuro y la sociedad;
c)   unos márgenes anchos simbolizan reserva o cautela;
d)   unos márgenes estrechos simbolizan informalidad o espontaneidad;
e)   cuatros márgenes iguales simbolizan buen gusto o amaneramiento;
f)   la ausencia de los cuatro márgenes simboliza amplitud de ideas o vulgaridad.

Figura 45.—Una firma elaborada.

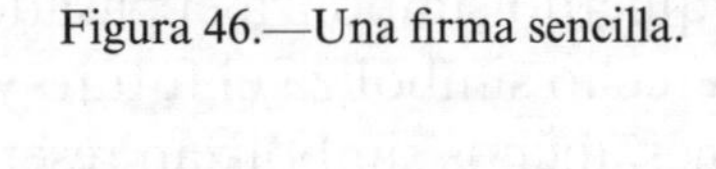

Figura 46.—Una firma sencilla.

22

Las firmas

La firma simboliza el ego del autor del escrito más que cualquier otra parte de este. No obstante, la firma por sí sola no puede constituir nunca la única fuente para un análisis fiable. Su valor radica en la comparación que puede hacerse entre ella y el cuerpo principal del escrito.

Si el escrito y la firma coinciden, significa que su autor se comporta en privado exactamente igual que en público. Las discrepancias entre la firma y el escrito indican discrepancias entre la conducta pública y privada. Pero las diferencias debidas a ilegibilidad deben analizarse con sumo cuidado. La mayor parte de las firmas son ilegibles en mayor o menor medida, especialmente las de los profesionales que tienen que firmar muchas veces a lo largo del día. Pero la ilegibilidad de la firma y del texto debe poner sobre aviso de la posible duplicidad del autor del mismo.

Las divergencias entre firma y escrito en lo relativo al tamaño de la escritura son más reveladoras. La firma puede ser desacostumbradamente pequeña, mientras que el texto escrito grande, o viceversa. En ambos casos estas divergencias indican que el papel del autor del escrito en la vida social no constituye una expresión genuina de su carácter y personalidad.

Una firma pequeña al pie de un escrito grande simboliza una infravaloración del ego en relación con la sociedad.

Una firma grande al pie de un escrito pequeño simboliza una supervaloración del ego en relación con la sociedad.

Estas observaciones relativas a las divergencias de *tamaño* son igualmente aplicables a ornamentación/simplificación, presión elevada y ligera, pastosidad/finura, etc.

Pero la personalidad auténtica, como algo opuesto a la pseudopersonalidad, se verá también simbolizada por una moderada divergencia de tamaño entre un texto escrito menor y una firma mayor. Lo que permitirá determinar tal personalidad e individualidad auténticas será una interpretación global del texto y de la firma.

Las diferencias de tamaño, anchura, ángulo o sesgo, presión, etc., entre el nombre y el apellido —y las correspondientes iniciales— simboliza las relaciones que existen entre el firmante y su familia.

Las florituras adicionales deberían interpretarse en términos de movimientos tendentes a la izquierda y a la derecha en las distintas zonas. La rúbrica y otros adornos resaltan la importancia del ego del firmante.

23

Direcciones de sobre

Si dividimos un sobre, primero en dos mitades verticales y luego en dos mitades horizontales, tendremos cuatro zonas:

a) superior izquierda;
b) superior derecha;
c) inferior izquierda,
d) inferior derecha.

La interpretación de la forma de escribir el nombre y la dirección solo es posible en el marco de estas cuatro divisiones.

Un nombre y una dirección situados fundamentalmente en la *zona superior izquierda* indican que el que los ha escrito se preocupa de expresarse principalmente en la zona superior y con movimientos tendentes a la izquierda.

Esto puede interpretarse en un sentido positivo como reserva en los contactos sociales, cautela o precaución con respecto al futuro, respeto por el pasado.

En sentido negativo, como dificultades para establecer contactos sociales, desconfianza con respecto al futuro, excesivo tradicionalismo.

Un nombre y dirección situados fundamentalmente en la *zona superior derecha* indican que el que los ha escrito se preocupa por expresarse principalmente en la zona superior y con movimientos tendentes a la derecha.

Esto puede interpretarse en un sentido positivo con empatía, impresionabilidad, rapidez de pensamiento.

En sentido negativo, como apresuramiento en la extracción de conclusiones, sugestionabilidad, pensamiento superficial.

Un nombre y dirección situados fundamentalmente en la *zona inferior izquierda* indican que el que los ha escrito se preocupa por expresarse principalmente en la zona inferior y con movimientos tendentes a la izquierda.

Esto puede interpretarse en un sentido positivo como impresionabilidad mística, instintos maternales, simpatía pasiva.

En sentido negativo, como preocupación erótica, subjetivismo extremado, temores paranoicos.

Un nombre y dirección situados fundamentalmente en la *zona inferior derecha* indican que el autor se preocupa de expresarse principalmente en la zona inferior y con movimientos tendentes a la derecha.

Esto puede interpretarse en un sentido positivo como destreza, comprensión instintiva, avances realistas.

En sentido negativo, como astucia, rehuir unos contactos demasiado estrechos, explotación materialista.

Un nombre y una dirección situados en la *zona central* pueden interpretarse en un sentido positivo como equilibrio mental, o en sentido negativo como presentimiento de una catástrofe inminente.

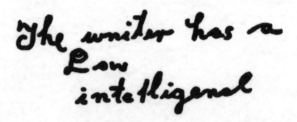

(Traducción del texto: El *autor de este escrito tiene poca inteligencia*.)

Figura 47.—Poca inteligencia.

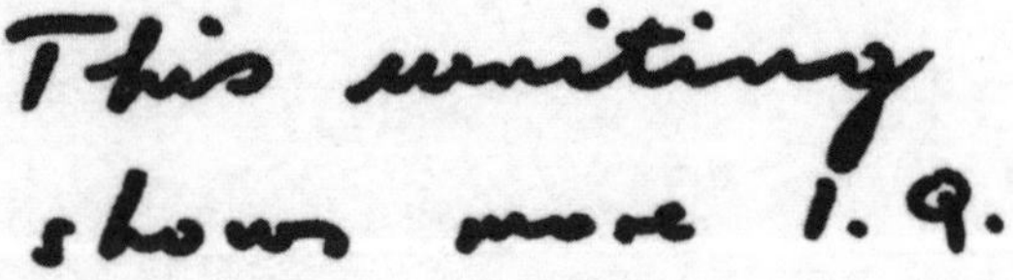

(Traducción del texto: *Esta escritura demuestra un coeficiente de inteligencia superior.*)

Figura 48.—Elevada inteligencia.

24

Inteligencia

Inteligencia equivale a «penetración», y una conducta inteligente es aquella que se basa en la comprensión de una situación global, a diferencia de la de «tanteo» (llamada en inglés de *prueba de error*), y que se basa en el estudio de simples partes aisladas de una situación. De aquí que la conducta inteligente sea un patrón global de conducta compuesto por numerosos factores. Son estos: la *memoria (la base de una mente organizada),* la razón, la voluntad, la intuición, la coordinación, etc. Hemos resaltado ya varias veces que un rasgo del carácter no se expresa mediante ningún otro signo grafológico aislado, y esto resulta especialmente cierto cuando lo que se evalúa es la inteligencia. Para determinar el grado o coeficiente de inteligencia habrá que tomar en consideración numerosos signos, debiendo tenerse en cuenta los siguientes aspectos:

a) *originalidad;*
b) naturalidad (pero no necesariamente);
c) *una buena distribución de los espacios;*
d) rapidez (pero no necesariamente);
e) *equilibrio y proporción entre las distintas zonas;*
f) *una forma inteligente de enlazar los puntos de las «íes» y las barras de las «tes» con las letras consiguientes;*

g)   simplificación (pero no necesariamente);
h)   fluidez (pero no necesariamente);
i)   curvas (pero no necesariamente);
j)   tamaño pequeño (pero no necesariamente).

Figura 49.—Deshonestidad en la escritura.

25

Poca fiabilidad y deshonestidad

Al igual que la inteligencia, la poca fiabilidad o deshonestidad no es una característica única o aislada. Un comportamiento poco fiable o deshonesto es un patrón global de conducta que consta de numerosos factores. Sus componentes son el egoísmo (el principal), el materialismo, la falsedad, la pereza, la indecisión, la falta de convicciones, etc. Y, por supuesto, *la poca fiabilidad o deshonestidad no se expresan mediante ningún signo grafológico aislado.* Para determinar el grado de fiabilidad o no fiabilidad, de honestidad o deshonestidad, hay que tomar en consideración numerosos signos, debiendo tenerse en cuenta los siguientes:

a) *artificiosidad y estilización;*
b) todo tipo de exageraciones (especialmente en la presión, los bucles, las mayúsculas y la firma);
c) retorcimientos (especialmente en los trazos iniciales y finales);
d) una marcada diferencia entre el escrito y la firma;
e) métodos de escritura mezclados *en un escrito artificioso;*
f) ambigüedad en la ejecución de las letras;
g) trazos de encubrimiento;
h) ilegibilidad e inclinación o sesgo hacia la izquierda;

ST. JOHN THE BAPTIST PARISH LIBRARY
2920 NEW HIGHWAY 51
LAPLACE. LOUISIANA 70068

i)   escribir letras y palabras equivocadas (*especialmente cuando se trata de alguien acostumbrado a escribir*);

j)   letras rotas o interrumpidas, en las que faltan partes;

k)   retoques innecesarios al escrito, en un vano intento de aumentar su legibilidad;

l)   frecuentes arranques de los trazos iniciales;

m)   letras que faltan;

n)   lentitud;

o)   poca fluidez;

p)   arcadas (y, algunas veces, hilos);

q)   tendencias hacia la izquierda, especialmente en los trazos iniciales y finales;

r)   bucles en la zona media abiertos por la base;

s)   bucles dobles en la zona media;

t)   escasa originalidad;

u)   deficiente distribución de los espacios;

v)   la *a,* la *d,* la *g,* y otras letras parecidas, escritas en dos trazos diferenciados;

w)   retorcimientos extremos incorporados a la letra *I;*

x)   barras de las «tes» débiles;

y)   actividad o pasividad extremadas;

z)   bucles llenos de tinta en la zona inferior, etc.

Figura 50.—*I* mayúscula sencilla.

Figura 51.—*I* mayúscula con retorcimiento de la zona superior.

Figura 52.—*I* mayúscula estilo imprenta.

Figura 53.—*i* minúscula sin punto.

Figura 54.—*i* minúscula con el punto alto.

Figura 55.—*i* minúscula con el punto bajo.

Figura 56.—*i* minúscula con el punto a la izquierda.

Figura 57.—*i* minúscula con el punto a la derecha.

Figura 58.—*t* minúscula sin barra.

Figura 59.—*t* minúscula con la barra alta.

Figura 60.—*t* minúscula con la barra baja.

Figura 61.—*t* minúscula con la barra a la izquierda.

Figura 62.—*t* minúscula con la barra a la derecha.

Figura 63.—*t* minúscula con la barra cruzando ostensiblemente el cuerpo de la letra.

Figura 64.—*a* minúscula con trazo inicial prolongado.

Figura 65.—*A* mayúscula con retorcimiento inicial.

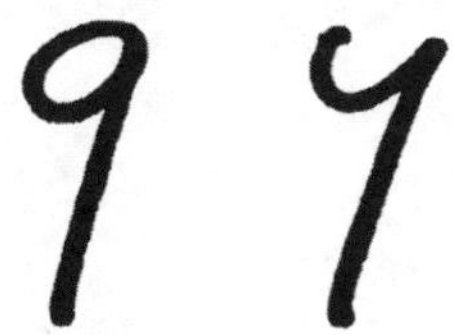

Figura 66.—*g* e *y* minúsculas con zona inferior incompleta.

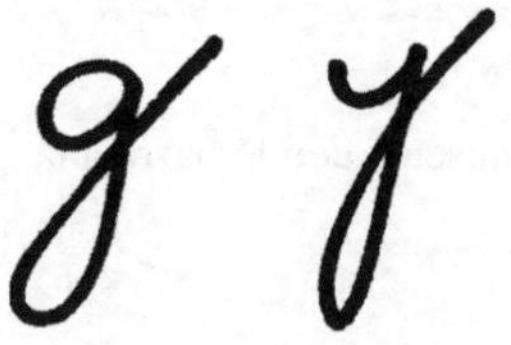

Figura 67.—*g* e *y* minúsculas normalmente entrecruzadas.

Figura 68.—*g* e *y* minúsculas con zona inferior ladeada hacia la izquierda.

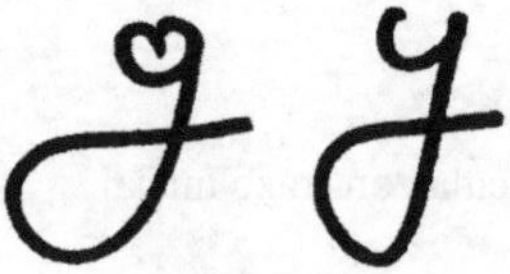

Figura 69.—*g* e *y* minúsculas con zona inferior plena o redondeada.

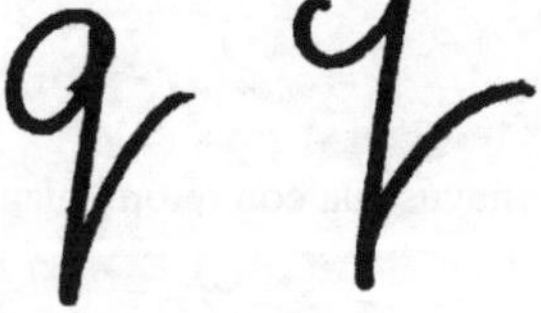

Figura 70.—*g* e *y* minúsculas con zona inferior ladeada hacia la derecha.

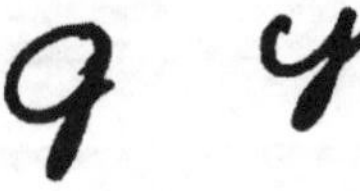

Figura 71.—*g* e *y* minúsculas con reducidas prolongaciones en la zona inferior.

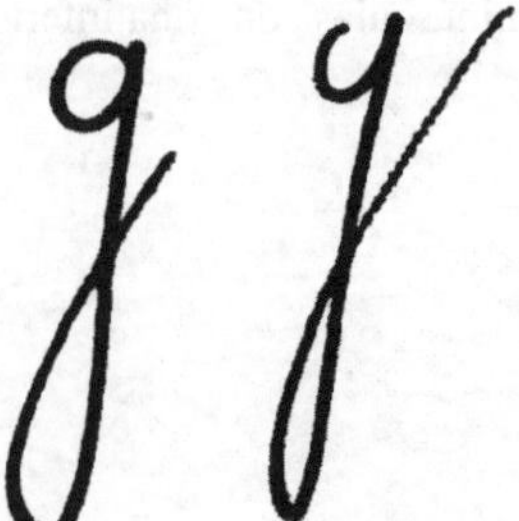

Figura 72.—*g* e *y* minúsculas con profundas prolongaciones en la zona inferior.

26

Varios: Las letras I y T; letras iniciales y finales; bucles en la zona inferior

El hecho de que en esta sección, titulada «Varios», se incluya un elevado número de apartados grafológicos no debe en ningún sentido hacer pensar que se trata de temas de poca monta. Muy al contrario, *en grafología todo tiene la misma o mayor importancia.* Lo hemos dispuesto así únicamente por razones de presentación.

La mayúscula I *(y su modalidad en minúscula* i) *simboliza nuestras actitudes con respecto a nuestro propio ego.** Pero las conclusiones sobre el ego del autor de un escrito no pueden basarse únicamente en un estudio de únicamente esta letra; habrá que tomar también en consideración un estudio cuidadoso de su firma, de sus iniciales, de las letras iniciales de la zona media. Aquí debemos limitarnos a unos cuantos puntos:

a) una *I* sencilla puede interpretarse en un sentido positivo como austeridad, y en sentido negativo como sosería (Fig. 50);

b) una *I* estilo imprenta puede interpretarse en un sentido positivo como interés por la cultura, y en sentido negativo como amaneramiento (Fig. 52);

---

* Por supuesto, sobre todo en el idioma inglés, en el que «yo» se escribe «I». *(N. del T.)*

c)   una *I* mayúscula con retorcimientos en la zona superior y/o inferior puede interpretarse en sentido positivo como astucia, y en sentido negativo como oportunismo (Fig. 51);

d)   una *i* minúscula sin el punto solo puede interpretarse en sentido negativo: descuido, irresponsabilidad, poca fiabilidad (Fig. 53);

e)   los puntos de las «íes» deberían interpretarse según su posición (alta/media/baja; a la izquierda/en el centro/a la derecha), la presión, la forma (redonda/picuda), etc. (Figs. 54-57.)

   Las barras de las «tes», especialmente de las minúsculas, deberían interpretarse también según su posición (alta/media/baja/ ausente; a la izquierda/en el centro/a la derecha), la presión, la dirección (ascendente/horizontal/descendente), la forma (cóncava/convexa), etc. (Figs. 58-63.)

   Los trazos *iniciales* prolongados indican la fuerza o el arrastre del pasado. Los trazos iniciales rotos o interrumpidos —que indican repetidos intentos de empezar— simbolizan obsesiones y dudas acerca de uno mismo. Los retorcimientos de los trazos iniciales simbolizan astucia u oportunismo. (Figs. 64,65.)

   Los *trazos finales* que terminan abruptamente simbolizan rudeza o falta de consideración. Si se encuentran en la zona media, los trazos finales prolongados simbolizan sociabilidad o deseos de agradar; si se encuentran en la zona superior, abstracción o falta de realismo, y placeres comunales de carácter instintivo si se encuentran en la inferior. Estas interpretaciones con respecto a los trazos finales son válidas solo si el trazo es suave y curvilíneo. Si es recto o angular, afilado o romo, la interpretación tendría que basarse en factores tales como frialdad, rudeza, agresividad o brutalidad.

   Los bucles en la zona inferior, como los que se encuentran en las letras *f, g, j, y, z* tienen sentido *solo enmarcados en la evaluación global del escrito*. (Figs. 66-72.)

   Los que permiten efectuar tales movimientos en la zona inferior son los músculos flexores. Los músculos flexores se asocian a placeres primarios, tales como actividades sexuales, comer, beber, placeres sensuales relacionados con la piel y los movimientos corporales, el erotismo cutáneo y muscular, respectivamente. Por tanto, cuanto más profundo sea el trazo en el plano vertical y cuanto más se extienda hacia la izquierda después de haber alcanzado la máxima profundidad, tanto más se aferrará la libido a los objetos en la esfera material de la personalidad. Por el contrario, cuanto más corto sea el trazo descendente y más breve el movimiento hacia la izquierda una vez alcanzada la profundidad máxima, menos se aferrará la libido a los objetos en la esfera material de la personalidad. Algunas veces el bucle es muy profundo, ancho y redondeado —y, por tanto, completo—. Entre otras muchas posibilidades, cabe interpretarlo como indicativo de una fuerte imaginación sexual. Algunas veces no aparece bucle alguno, solo un trazo descendente. Entre otras posibles interpretaciones, esto puede simbolizar sublimación, austeridad, fatalismo. Algunas veces el bucle es muy estrecho y afilado. Esto puede simbolizar, entre otras posibles interpretaciones, un fuerte espíritu crítico. En ocasiones el trazo descendente se ve roto o interrumpido. Existen muchas posibles interpretaciones: descuido, cansancio, deshonestidad, etc. Lo que conviene tener en cuenta es que los bucles de la zona inferior tienen que evaluarse de acuerdo con numerosos factores: presión, plenitud/delgadez, finura/pastosidad, etcétera.

27

La grafología y la psicología profunda

Un estudio sistemático de la grafología no puede ignorar los conceptos, las técnicas y los descubrimientos de la psicología profunda. Actualmente existen numerosas escuelas de psicología profunda, pero centraremos nuestra atención en las de Freud (el padre de la psicología profunda), Jung y Szondi.

Freud da por sentado que la vida mental es la función de un aparato al que atribuye las características de ocupar un lugar en el espacio y de estar compuesto de distintas partes. El órgano corporal de la psique es el cerebro y el sistema nervioso.

La parte o agencia más antigua de la mente es el «id», que consiste en la reserva innata de instintos, que no son sino la presentación mental de demandas instintivas.

Existen dos grupos básicos de instintos: Eros (los instintos de vida) y Tanatos (los instintos de muerte). Freud designó *libido* a la energía del Eros. Schilder ha bautizado a la energía de Tanatos como «mortido», aunque en ocasiones se la denomina «destrudo».

El *id* funciona de acuerdo con el «principio del placer», que exige la reducción inmediata de las tensiones instintivas.

El *ego* es la parte o agencia de la mente desarrollada sobre la base de la capa cortical del *id*. Como se adaptó para recibir y excluir estímulos, funciona de acuerdo con el «principio de realidad». De aquí que su relación con la realidad sea de la mayor importancia.

El *superego* se deriva de cuatro fuentes principales:

a)   el «ego ideal» (formado en la imaginación para compensar las deficiencias del «ego real»);
b)   la «introproyección» (imágenes fantaseadas de objetos perdidos);
c)   el «nemesismo» (agresividad volcada contra el sujeto);
d)   el «sadomasoquismo» (agresividad dirigida hacia fuera y hacia uno mismo, que involucra estímulos placenteros y dolorosos al mismo tiempo).

El «superego» es la agencia ético-moral de la mente.

Los conceptos de *id, ego* y *superego* constituyen la topografía mental freudiana. La teoría de los instintos constituye la dinámica mental. Los conceptos de «mecanismos de la mente» —los distribuidores de la energía mental— constituyen la economía mental.

Las bases del psicoanálisis freudiano son:

a)   la sexualidad infantil;
b)   la representación;
c)   *el conflicto;*
d)   el subconsciente;
e)   la transferencia.

La vida sexual es «bifásica»; el primer florecimiento o erupción está separado del segundo por el llamado «periodo de latencia». El primer florecimiento o erupción culmina para el niño con el «complejo de Edipo» y para la niña con el «complejo de Electra». La evolución sexual se produce en las siguientes etapas superpuestas:

a)   *oral* el centro principal de interés lo constituye la boca, con las actividades correspondientes de mamar, comer, etc.);

b) *anal* (el centro principal de interés lo constituye el ano, con las actividades correspondientes de defecar, peerse, etcétera);

c) *uretral* (el centro principal de interés lo constituyen la uretra y el pene, con las actividades correspondientes de orinar, mojar la cama, etc.);

d) *fálica* (el centro principal de interés lo constituye el pene, culminando esta etapa con el complejo de Edipo y el periodo de latencia, y viéndose acompañada de las actividades correspondientes de manipulación del pene);

e) *genital* (una vez más, pasado ya el periodo de latencia, el centro principal de interés lo constituye el pene, con las actividades correspondientes de sexualidad genital).

La represión es la consecuencia de la censura del «superego». El conflicto, la consecuencia inevitable de tal represión.

La represión y el conflicto exigen pasar al concepto de subconsciente.

La transformación es el desplazamiento a un objeto sustitutivo —un sustituto de la figura paterna o materna— de los sentimientos e ideas infantiles de un sujeto.

Los sueños son psicosis temporales experimentadas mientras se duerme. Durante ellos se inhibe la función de comprobación de la realidad aplicada tanto a las experiencias del mundo interior como a las del mundo exterior. Surgen errores de percepción, a los que se califica de alucinaciones. Los dos mecanismos mentales que predominan en los sueños son la *condensación* —proceso por el cual se combinan o pueden combinarse dos o más imágenes en otra compuesta dotada de un significado y energía derivados de ambas— y *desplazamiento* —proceso mediante el cual se transfiere la energía mental de una imagen mental a otra—. Tal como lo percibe quien lo experimenta, el sueño es el sueño manifiesto, pero su proceso real se expresa en el sueño latente. El origen del sueño es, o bien una experiencia del pasado inmediato, que se alberga ahora en el *pre-consciente* —ideas, sentimientos, etc., descriptivamente subconscientes pero no reprimidos—, o bien una demanda instintiva del *id*. Estos son los aspectos «ontogenéticos» —de evolución individual— del sueño. Los sueños de contenido arcaico reflejan los aspectos afilogenéticos» del *id* —aspectos relativos al desarrollo o evolución de la especie—. Pero la función esencial de los sueños es la del cumplimiento de los deseos por medio de compromisos.

La técnica psicoanalítica freudiana es un procedimiento investigador para la comprensión y la explicación del subconsciente. Interpreta los «procesos primarios» de la mente; es decir, los procesos mentales existentes antes de la aparición del *ego* estructurado y del desarrollo de la verbalización. Aunque ciertamente no ignora los aspectos filogenéticos de la mente, se ocupa primordialmente de los ontogenéticos (véase la pág. 44-45).

En su obra *Psicología analítica* Jung define la *psique* como a la totalidad de todos los procesos psicológicos, tanto conscientes como subconscientes. El consciente y el subconsciente se oponen en cuanto a sus propiedades, pero resultan mutuamente complementarios. El subconsciente es más antiguo que el consciente, siendo el primero el funcionamiento básico sobre el cual se construye el segundo. El subconsciente tiene dos aspectos: el personal y el colectivo. El subconsciente personal consiste en las represiones personales; el colectivo en los impulsos primitivos y contenidos atávicos imbuidos de una fuerza elemental.

Dentro de la psique existen cuatro funiones: pensamiento, sentimiento, intuición y sensación. Son complementarias o compensatorias.

La extraversión y la introversión son las actitudes psicológicas generales que determinan cómo reaccionará una persona ante situaciones distintas.

Refiriéndose al subconsciente colectivo, Jung señala que se trata de a «la poderosa herencia espiritual de la evolución humana, reencarnada en cada constitución individual». Las primeras manifestaciones conscientes del subconsciente son los síntomas y los complejos. Los síntomas pueden definirse como fenómenos de obstrucción del flujo normal de energía y pueden manifestarse física o psíquicamente. «Los complejos son apartes psicológicas separadas de la personalidad».

Los sueños, las fantasías y las visiones son todos manifestaciones del subconsciente. No se ven limitados por el tiempo, el espacio o la casualidad; son las actividades reguladoras del subconsciente, impidiendo de ese modo la unilateralidad.

El funcionamiento psíquico global constituye un incesante movimiento dinámico. La *libido* es el postulado teórico empleado para calificar a la energía psíquica, el movimiento incesante provocado por una diferencia de potencial entre un par de opuestos. Debido a la «ley de la complementariedad», la energía fluirá desde una actitud o función subconsciente e indiferenciada a una actitud o función consciente y bien diferenciada. Según esto, para Jung la psique es un sistema autorregulatorio y, de acuerdo con sus propias palabras, ano existe ningún equilibrio ni ningún sistema autorregulatorio sin oposición».

La libido es impulsada hacia adelante por el consciente o hacia atrás por el subconsciente. Mediante un acto de voluntad puede también «transformarse o pasar desde uno de los componentes de un par de opuestos al otro».

La *imagen* es la modalidad específica de manifestación de energía en la psique. Posee una «intensidad de valor», que se mide por su «constelación», y no puede haber en ella símbolos fijos, lo que resulta también aplicable al análisis de los sueños.

Al abordar el tema de la psique, nos ocupamos de fenómenos intangibles que muestran aparentes contradicciones y que se rigen por el método de «o y/o». Se trata de un proceso dialéctico de tesis, antítesis y síntesis.

El contenido del subconsciente colectivo se manifiesta mediante la aparición de «arquetipos», las contrapartidas psíquicas de los «instintos». En cada etapa concreta de la vida predomina un arquetipo particular. Los arquetipos son:

a)   *sombra* (el «lado oscuro» de nuestra Naturaleza);
b)   *anima* (lo contrasexual en el varón);

c)   *animus* (lo contrasexual en la hembra);
d)   *persona* (la «fachada» que se muestra a la sociedad);
e)   *anciano sabio* (el principio espiritual en el varón);
f)   *Magna mater* (la gran madre-tierra);
g)   *uno mismo* (la resolución de una polaridad mediante la síntesis).

La psicología analítica o compleja de Jung comprende la filogénesis de la mente en términos de fenómenos colectivos arquetípicos dentro de un marco no causal y finalista. Trata a la ontogénesis de la mente como un tema de importancia secundaria. Es una psicología de los «procesos secundarios» —procesos reflexivos que obedecen a las leyes de la gramática y de la lógica formal, emplean energías reprimidas y se rigen por el principio de realidad freudiano—, pues Jung no aceptó las bases del psicoanálisis freudiano: sexualidad infantil, represión, conflicto, inconsciente y transferencia. Además, la interpretación de los símbolos de Jung va desde lo concreto a lo abstracto, mientras que la freudiana va de lo abstracto a lo concreto; por ejemplo, para un seguidor de las teorías de Jung, *pene* significa «sexualidad», mientras que para un freudiano *sexualidad* significa «pene».

En su *Schicksalpsychology (La psicología del sino o destino)*, Szondi postula, además del subconsciente freudiano y del subconsciente colectivo de Jung, el «subconsciente familiar» compuesto por las tendencias psicológicas de nuestros antecesores, que heredamos. Este contenido se transmite de una generación a otra por medio de genes recesivos latentes, y Szondi inventó su conocido *test* experimental de diagnóstico precisamente para investigar el carácter y la personalidad en términos de actividad e influencia genética. Consiste en cuarenta y ocho fotografías de personalidades psicopatológicas, extraídas de libros de texto sobre psiquiatría que se remontan hasta 1892. Hay seis fotografías de cada uno de los ocho tipos psicopatológicos siguientes:

a)   homosexuales;

b) sádicos y asesinos;
c) epilépticos;
d) histéricos;
e) esquizofrénicos catatónicos;
f) esquizofrénicos paranoides;
g) maniacodepresivos en etapas de depresión;
h) maniacodepresivos en etapas maniáticas.

Baste decir que a cada persona sometida a este *test* se le pide que formule su agrado o repugnancia con relación a cada una de las cuarenta y ocho fotografías consecutivamente.

Szondi cree que la conducta humana se encuentra motivada por ocho sistemas de impulsos o sistemas de necesidades, que son los siguientes:

a) la necesidad de ser pasivo (factor *h*)
b) la necesidad de ser activo (factor *s*)
⎫ los factores *h* y *s* constituyen el vector sexual

c) la necesidad de experimentar fuertes sentimientos (factor *e*)
d) la necesidad de experimentar sentimientos atenuados (factor *hy*)
⎫ los factores *e* y *hy* constituyen el vector paroxísmico

e) la necesidad de apartarse del medio (factor *p*)
f) la necesidad de fundirse con el medio (factor *p*)
⎫ los factores *k* y *p* constituyen el vector del «ego»

g) la necesidad de buscar objetos (factores *d*)
h) la necesidad de aferrarse a los objetos (factor *m*)
⎫ los factores *d* y *m* constituyen el vector de contacto

La manifestación de la forma extrema de cada uno de estos impulsos o necesidades se corresponde con la conducta de cada uno de los ocho tipos psicopatológicos. En la conducta humana no hay nada que sea absolutamente normal o absolutamente anormal, lo normal se funde de forma gradual con lo anormal. Cabe aceptar o negar cada uno de estos impulsos o necesidades. Todos los factores son polares o ambivalentes, y cuando una persona está cuerda, las ocho necesidades están equilibradas, mientras que en las enfermedades mentales o del carácter se desequilibran. Por ejemplo, las necesidades *k* (innatas o adquiridas) pueden socializarse o humanizarse en un trabajo o tarea que exija lógica y sistematización, pero las necesidades *k* insatisfechas pueden provocar una esquizofrenia catatónica.

Szondi admite los principios de placer y realidad de Freud; pero propone además el «principio humanitario», que significa que *todo impulso posee posibilidades tanto psicopatológicas como humanizadas*. Las posibilidades psicopatológicas constituyen el sino o destino compulsivo, mientras que las humanizadas, el sino o destino voluntario. Y el factor decisivo es la libertad de espíritu.

Hemos bosquejado estos breves apuntes acerca de las psicologías profundas freudianas, de Jung y Szondi, porque creemos que, si la grafología ignorase los descubrimientos de la psicología profunda, estaría alejándose de una de las fuentes más ricas de conocimientos acerca de las motivaciones y la conducta humanas. *Y en el momento actual quedan todavía demasiados grafólogos que no pasan de simples «diletantes» en el campo de la psicología profunda.*

Las características grafológicas que corresponden a la oralidad y al factor m *de Szondi son:*

a) óvalos abiertos en la parte superior (en la «aes» y «oes»);
b) plenitud o redondez en la zona inferior;
c) letras terminales grandes;

d)   deficiente distribución de los espacios;
e)   falta de originalidad;
f)   guirnaldas o arcadas;
g)   sesgo hacia la derecha;
h)   presión desigual.

Las características grafológicas que simbolizan analidad y el factor d *de Szondi son:*

a)   pastosidad;
b)   plenitud o redondez en la zona inferior;
c)   letras terminales grandes;
d)   trazos terminales abruptos;
e)   bucles en la zona inferior sobrecargados de tinta;
f)   una escritura estrecha;
g)   una escritura sesgada hacia arriba o hacia la izquierda;
h)   conexiones en forma de ángulo;
i)   fuerte presión;
j)   artificialidad;
k)   falta de originalidad;
l)   los puntos de las «íes» y las barras de las «tes» afilados o romos;
m)   una deficiente distribución de los espacios.

Se observará que existen ciertas características o rasgos grafológicos comunes al tipo oral y al tipo anal. Esto se debe a que *tanto la oralidad como la analidad son dos aspectos de la sexualidad pregenital;* es decir, reveladores de inmadurez sexual.

Las características grafológicas que simbolizan pasividad, receptividad y el factor h *de Szondi son:*

a)   presión leve;
b)   modalidades atípicas de bucles en la zona inferior;
c)   el empleo de tintas de color verde o azul claro;

d)   escritura sesgada hacia la izquierda;
e)   puntos de las «íes» y barras de las «tes» ausentes o situados muy abajo;
f)   plenitud o redondez en la zona inferior;
g)   conexión por medio de hilos o guirnaldas;
h)   lentitud en la escritura;
i)   acentuada pastosidad;
j)   ornamentación;
k)   escritura ancha con una presión leve;
l)   escritura irregular.

Las características grafológicas que simbolizan actividad, impresionabilidad y el factor a *de Szondi son:*

a)   conexiones en forma de ángulos;
b)   elevada presión;
c)   tamaño grande;
d)   sesgo hacia la derecha;
e)   rapidez;
f)   trazos descendentes firmes;
g)   las barras de las «tes» descendentes, afiladas, situadas muy arriba o pesadas;
h)   mayúsculas grandes;
i)   óvalos abiertos;
j)   marcados trazos terminales.

Las *características grafológicas que simbolizan emociones violentas y el factor* e *de Szondi son:*

a)   barras de las «tes» y trazos terminales marcados;
b)   conexiones en forma de ángulos;
c)   presión desigual;
d)   letras rotas o interrumpidas;
e)   manchas de tinta;

f) altura variable de las letras (especialmente en la zona media);

g) línea de base desnivelada;

h) un mal espaciamiento entre las líneas o los renglones;

i) formaciones poco habituales en la zona inferior.

Las características grafológicas que simbolizan sentimientos suaves y el factor hy *de Szondi son:*

a) conexiones en forma de hilos y/o guirnaldas;

b) irregularidad;

c) todo tipo de exageraciones;

d) plenitud y ornamentaciones;

e) letras interrumpidas y/o ausentes;

f) escritura excesivamente conexionada o desconexionada;

g) tendencias excesivas hacia la izquierda o hacia la derecha;

h) línea de base desnivelada;

i) abundantes subrayados y puntuación excesiva.

Las características grafológicas que simbolizan contracción del «ego», apartamiento del «ego» y el factor k *de Szondi son:*

a) líneas o renglones estrictamente horizontales;

b) puntos de las «íes» y barras de las «tes» cuidadosamente colocados;

c) buena distribución de los espacios;

d) simplificación;

e) regularidad;

f) tamaño pequeño;

g) escritura recta o vertical;

h) *I* mayúscula de estilo imprenta;

i) escritura conexionada;

j) agudeza;

k) lentitud;

l) legibilidad;

m) presión equilibrada;
n) delgadez en la zona superior;
o) naturalidad;
p) originalidad;
q) escritura estrecha acompañada de fuerte presión.

Las características grafológicas que simbolizan expansión del «ego», participación del «ego» y el factor p *de Szondi son:*

a) líneas o renglones rectos o ascendentes;
b) puntos de las «íes» y barras de las «tes» situados muy arriba;
c) ornamentación;
d) escritura grande;
e) *I* mayúscula grande y elaborada
f) firma grande y elaborada;
g) presión;
h) conexiones en forma de arcadas;
i) mayúsculas grandes;
j) extensiones hacia las zonas superior e inferior;
k) barras de las «tes» exageradamente tendentes a la derecha;
l) fingida originalidad;
m) artificiosidad;
n) ambigüedad;
o) mezcla de modelos de escritura;
p) retorcimientos;
q) conexiones en forma de hilos;
r) abundantes subrayados (especialmente de la firma);
s) amplio margen superior;
t) «des» y «oes» abiertas en la base.

No pretendemos afirmar que las características grafológicas relativas a cada uno de los ocho tipos citados son todas las características posibles para cada uno de ellos; después de todo nos estamos ocupando de la mente (Geist) y no de la Naturaleza. Repetimos, una vez más, que las características grafológicas pueden ser comunes a varios de los ocho tipos citados, ya que el *h* y el *s* son polos opuestos, al igual que ocurre con el *e* y el *hy,* el *k* y el *p,* el *d* y el *m.* Además, el *h,* el *hy,* el *p* y el *m* están relacionados entre sí, al igual que lo están el *s,* el *e,* el *k* y el *d.*

Pero, a pesar del valor e importancia de los descubrimientos realizados por las distintas escuelas de psicología profunda en el campo del carácter y la personalidad, cuando se efectúan intentos de estudiar los distintos tipos de la psicología profunda en términos de características grafológicas uno se encuentra con dificultades grandes y reales. Esto se debe a que las técnicas de psicología profunda —especialmente el *test* de Szondi— se dirigen *directamente* a la esfera subconsciente de los fenómenos psíquicos. En este sentido se alejan del análisis de la escritura, que analiza primero la conducta del sujeto fenomenológicamente —tal como se revela en su escritura—, y solo mediante este procedimiento intenta poner al descubierto los impulsos subconscientes.

Metodológicamente, cabe considerar ambas técnicas del modo siguiente:

a)   el *test* de Szondi —como los métodos propios de las ciencias naturales— investiga directamente el «ego» y los impulsos subconscientes, pasando de ahí a los sentimientos y emociones y luego a la conducta (erótica, ocupación y social);

b)   el análisis grafológico —como los métodos propios de las ciencias del espíritu o *Geistwissenschaft*— proporciona una visión fenomenológica de los sentimientos, emociones, inteligencia, voluntad y conducta, pasando de ahí al «ego» consciente y luego al «ego» e impulsos subconscientes.

28

Índice de rasgos

Actividad: ángulos: elevada presión; tamaño grande; sesgo hacia la derecha; trazos descendentes firmes; rapidez.

Adaptabilidad: guirnaldas; formas curvas; rapidez moderada; presión equilibrada.

Afán de discutir: escritura afilada en su interpretación positiva.

Afán de dominio: escritura regular; mayúsculas grandes; barras de las «tes» largas y marcadas.

Afán de mando: tamaño grande; florituras (especialmente en la firma); ornamentación.

Afán de posesión: enroscamientos con tendencia hacia la izquierda; enroscamientos en las mayúsculas; enroscamientos en los trazos iniciales.

Agresividad: ángulos; rapidez, presión elevada.

Agilidad: presión leve combinada con una escritura regular; rapidez.

Alegría: escritura grande; líneas o renglones ascendentes; presión bastante elevada.

Altruismo: movimientos tendentes a la derecha en la zona media.

Amabilidad: curvas (especialmente guirnaldas); presión entre media y leve.

Amaneramiento: ornamentación; florituras (especialmente en la firma); arcadas en su interpretación negativa.

Ambición: presión desigual; rapidez; mayúsculas grandes; barras de las «tes» ascendentes; líneas o renglones ascendentes; extensiones en las zonas superior e inferior.

Amplitud de ideas: guirnaldas, irregularidad; escritura recta.

Amplitud de miras: escritura grande combinada con regularidad; zonas superior e inferior de tamaño mayor que el normal, pero tamaño normal en la zona media.

Amplitud mental: tamaño pequeño; guirnaldas; escritura ascendente.

Apacibilidad: guirnaldas; escritura recta; ausencia de los cuatro márgenes.

Aprehensividad: trazos ascendentes rotos o interrumpidos en la zona superior; altura variable de la zona media.

Ascetismo: escritura afilada; sencillez.

Astucia: óvalos cerrados; breves trazos terminales, enroscamientos (especialmente en las mayúsculas y letras iniciales o de comienzo).

Autoafirmación: mayúsculas grandes; óvalos abiertos; barras de las «tes» situadas muy arriba, con inclinación descendentes o afiladas.

Autodisciplina: escritura afilada; tamaño pequeño; regularidad; simplificación; escritura recta; presión firme y equilibrada; buena distribución de los espacios.

Autoridad: barras de las «tes» con una tendencia exagerada hacia la derecha.

Avaricia: estrecho margen izquierdo; espacios estrechos entre las palabras y los renglones; trazos terminales breves o ganchudos.

Benevolencia: guirnaldas.

Brutalidad: ensanchamiento de los trazos terminales; presión elevada; irregularidad.

Buen gusto: desviaciones y ornamentaciones con respecto a la escritura elegida como modelo caracterizadas por su armonía y equilibrio; exactitud de los cuatro márgenes; originalidad; naturalidad; buena distribución de los espacios.

Buen humor: líneas o renglones y barras de las «tes» ascendentes; puntos de las «íes» muy arriba y con tendencia hacia la derecha.

Caballerosidad: tamaño grande, plenitud; ornamentación.

Calma: puntos de las «íes» y barras de las «tes» bajos; cunas, lentitud, presión regular.

Cansancio: líneas o renglones descendentes; escritura irregular; presión leve.

Capacidad de amistad: naturalidad; guirnaldas; sesgo hacia la derecha; prolongaciones hacia la derecha.

Capacidad de bromear: trazos horizontales ondulantes.

Capacidad de observación: el primer trazo de la letra *r* más elevado que el segundo; la letra *e* con forma cóncava; tamaño pequeño; zonas superior e inferior de tamaño menor que el normal, pero zona media normal; escritura desconexionada.

Carácter afectuoso: plenitud o redondez en la zona media; pastosidad; irregularidad.

Carácter emprendedor: movimientos con tendencia hacia la derecha en la zona media; zonas superior e inferior de tamaño mayor que el normal, pero zona media normal; tamaño grande.

Carácter inestable: interpretación negativa de una escritura irregular; líneas o renglones ascendentes y descendentes; presión variable.

Carácter quejoso o protestón: interpretación negativa de la escritura afilada; escritura angular combinada con elevada presión; ganchos.

Cautela: puntos de las «íes» y barras de las «tes» ligeros y/o precisos; ajustes iniciales; óvalos cerrados.

Celo: líneas o renglones ascendentes; zona media de tamaño mayor que el normal con zonas superior e inferior normales; tamaño grande combinado con irregularidad.

Ceremoniosidad: mayúsculas grandes; florituras; originalidad fingida; artificialidad.

Charlatanera: espaciado estrecho; escritura desigual con entremezclamiento de las líneas o renglones; «aes» y «oes» abiertos en la parte superior.

Claridad: simplificación de la escritura; delgadez en la zona superior; escritura pequeña y afilada.

Colorido: ornamentación; plenitud o redondez; mayúsculas grandes; elevada presión; originalidad.

Concentración: puntos de las «íes» y barras de las «tes» muy abajo; escritura de tamaño pequeño; verticalidad.

Conducta ética: delgadez en la zona superior; escritura pequeña y afilada.

Confianza: guirnaldas; sesgo hacia la derecha o hacia adelante; líneas o renglones ascendentes; barras de las «tes» ascendentes.

Consciencia: puntos de las «íes» y barras de las «tes» muy abajo; legibilidad; escritura afilada.

Consideración: escritura recta; ejecución cuidadosa de los puntos de las «íes» y las barras de las «tes»; escritura afilada; énfasis en la zona superior; regularidad.

Constancia: escritura regular; ángulos.

Constructividad: empleo de formas cóncavas; letras estilo imprenta; originalidad.

Contemplatividad: zonas superior e inferior de tamaño menor que el normal, pero zona media normal; escritura regular.

Contención: escritura angular en su interpretación negativa; interpretación positiva de la inclinación hacia la izquierda; tamaño pequeño; regularidad.

Cordialidad: plenitud o redondez en la zona media; pastosidad.

Cortesía: ausencia de los cuatro márgenes; guirnaldas; sesgo hacia la derecha.

Credulidad: sesgo hacia la derecha; tendencias hacia la derecha; guirnaldas; líneas o renglones ascendentes; puntos de las «íes» y barras de las «tes» situados muy arriba; escritura ancha; presión marcada y regular; trazos terminales o de final prolongados.

Crueldad: puntos de las «íes» y barras de las «tes» marcados y en punta; terminales en punta y hacia abajo; pastosidad; presión elevada.

Cuidado: colocación exacta de los puntos de las «íes» y de las barras de las «tes»; legibilidad; espaciado regular; presión regular; lentitud.

Cultura: buen espaciado; naturalidad; originalidad; letras estilo imprenta.

Curiosidad: puntos de las «íes» y barras de las «tes» muy arriba; letras de la zona media con la parte superior en punta.

Debilidad: interpretación negativa de las tendencias hacia la derecha en la zona media; leve presión combinada con irregularidad.

Depresión: trazo terminal de la última letra débilmente alargado hacia la zona inferior; líneas o renglones descendentes.

Desconsideración: sesgo exagerado hacia la izquierda o hacia la derecha; ejecución descuidada de los puntos de las «íes» y de las barras de las «tes»; ambigüedad de las letras; pastosidad; énfasis en la zona media o en la inferior; irregularidad; signos generales de poca fiabilidad.

Descuido: puntos de las «des» y barras de las «es» mal colocados o ausentes; ilegibilidad, espaciado irregular; presión irregular; rapidez.

Deshonestidad: (véanse las págs. 100-102.)

Desprendimiento: sesgo hacia la derecha; simplificación; tamaño pequeño; regularidad; guirnaldas; escritura afilada o pastosa; presión firme y equilibrada; buena distribución de los espacios; I mayúscula modesta; iniciales modestas.

Destreza: movimientos tendentes a la derecha en la zona inferior; conexión en forma de hilos; sesgo hacia la derecha.

Determinación: ángulos; finales abruptos de los trazos terminales y barras de las «tes» muy marcadas; en general, presión elevada.

Devoción: líneas o renglones ascendentes; barras de las «tes» con una exagerada tendencia hacia la derecha; sesgo hacia la derecha o hacia adelante; tamaño pequeño.

Diplomacia: letras terminales en disminución; artificiosidad; escritura recta; óvalos cerrados.

Dispendiosidad: márgenes muy anchos o que se van ensanchando gradualmente (sobre todo en Gran Bretaña); ancho espaciado; tamaño grande.

Docilidad: *I* mayúscula escrita en forma de i minúscula; barras de las «tes» situadas muy abajo; simplificación; tamaño pequeño; trazos iniciales de la *M* y la *W* menores que los demás trazos; interpretación positiva del sesgo hacia la izquierda; regularidad; escritura estrecha.

Dureza: escritura angular en su interpretación negativa; trazos afilados.

Economía: escritura estrecha combinada con elevada presión; espaciado estrecho; lentitud.

Egocentrismo: *I* mayúscula muy plena; enroscamientos hacia la izquierda; mayúsculas grandes; florituras y subrayados (especialmente en la firma); pastosidad; tamaño grande; ornamentación; sesgo hacia la izquierda (algunas veces recto); presión desigual o desequilibrada; mala distribución de los espacios; deficiente nivel morfológico.

Egoísmo: *I* mayúscula muy plena; enroscamiento hacia la izquierda; mayúsculas grandes; florituras y subrayados (especialmente en la firma).

Elasticidad: presión leve combinada con una escritura regular; conexión en forma de hilos; escritura irregular.

Energía: presión elevada; trazos descendentes firmes; ángulos.

Engaño: «des» y «oes» abiertas por la base; ambigüedad; línea de base irregular.

«Ennui»: presión leve combinada con escritura irregular; barras de las «tes» y puntos de las «íes» descendentes; lentitud; líneas o renglones descendentes.

Ensueño: presión leve; plenitud o redondez en la zona superior; ornamentación; puntos de las «íes» y barras de las «tes» muy arriba.

Entusiasmo: barras de las «tes» ascendentes, prolongadas y situadas muy arriba; líneas o renglones ascendentes; rapidez; presión bastante elevada.

Equilibrio: naturalidad; originalidad; buena distribución de los espacios.

Equilibrio: sesgo vertical; guirnaldas; arcadas; escritura regular.

Erotismo: plenitud o redondez en la zona inferior o en su interpretación negativa; movimientos con tendencia hacia la izquierda en la zona inferior combinados con elevada presión; bucles cargados de tinta.

Espíritu crítico: escritura afilada en su interpretación negativa; delgadez en la zona superior; escritura estrecha combinada con presión elevada.

Espiritualidad: escritura afilada; presión leve; exageradas prolongaciones en la zona superior.

Estabilidad: puntos de las «íes» y barras de las «tes» situados muy abajo y con firmeza; velocidad regular; presión equilibrada combinada con regularidad.

Estupidez: (véanse las págs. 100-102.)

Exactitud: colocación precisa de los puntos de las «íes» y de las barras de las «tes»; buen espaciado.

Exageración: escritura de tamaño grande; mayúsculas grandes, florituras; puntos de las «íes» y barras de las «tes» muy arriba; grandes extensiones o prolongaciones en las zonas superior e inferior.

Excentricidad: puntuación no habitual; ornamentación, artificiosidad; escritura altamente individualizada.

Excitabilidad: puntos de las «íes» y barras de las «tes» muy arriba y en forma de guiones; escritura irregular; conexión en forma de hilos; líneas o renglones ascendentes.

Femineidad: presión leve combinada con una escritura regular.

Fingimiento: ambigüedad; estilos de escritura mezclados con artificiosidad; sesgo recto o con tendencia hacia la izquierda; artificiosidad; lentitud.

Firmeza: ángulos, escritura regular; barras de las «tes» marcadas.

Flexibilidad: conexión en forma de hilos; escritura recta.

Formalismo: margen superior ancho; ornamentación; anchura en los espacios.

Franqueza: omisión de los trazos iniciales; simplificación.

Frialdad: escritura afilada; sesgo hacia atrás o hacia la izquierda.

Fuerza de voluntad: tamaño grande combinado con regularidad; elevada presión combinada con regularidad; trazos firmes; puntos de las «íes» marcados; barras de las «tes» marcadas y prolongadas; líneas o renglones ascendentes; interpretación positiva de los ganchos.

Generosidad: anchura en el espaciado de las palabras; prolongación hacia la derecha de los trazos terminales.

Gozo: escritura pastosa; líneas o renglones rectos o ascendentes.

Grandeza o elevación de carácter: prolongaciones y plenitud o redondez en la zona superior; puntos de las «íes» y barras de las «tes» muy arriba; escritura por encima de la línea de base.

Hipersensibilidad: escritura ancha combinada con presión leve; escritura irregular combinada con débil presión; tendencias hacia la izquierda en relación con la I mayúscula.

Hipocresía: formaciones en arcada en las letras; líneas de base irregular; «des» y «oes» abiertas en su base.

Honestidad: (véanse las págs. 100-102.)

Hospitalidad: ausencia de los cuatro márgenes, guirnaldas, trazos terminales o de final prolongados hacia la derecha.

Humildad: tamaño pequeño; simplificación (especialmente en la I mayúscula).

Idealismo: presión leve combinada con una escritura irregular; tamaño grande combinado con una escritura irregular; predominio de la zona superior.

Imaginación: puntos de las «íes» y barras de las «tes» muy arriba; énfasis en la zona superior.

Impaciencia: puntos de las «íes» y barras de las «tes» hacia la derecha; ángulos; sesgo hacia la derecha; interpretación negativa del tamaño grande combinado con una presión leve; rapidez.

Imparcialidad: tamaño pequeño combinado con escritura irregular; verticalidad.

Impresionabilidad: anchura en la escritura combinada con presión débil; escritura irregular combinada con leve presión.

Inactividad: curvas; presión débil; lentitud.

Indecisión: lentitud en su interpretación negativa.

Independencia: mayúsculas grandes; ángulos; trazos iniciales de la *M, N* y *W* más elevados que los trazos restantes.

Individualismo: escritura desconexionada; escritura recta; originalidad; naturalidad; buen espaciado; rapidez.

Informalismo: margen de la izquierda estrecho; simplificación.

Ingenio: ausencia de ángulos; curvas; trazos ondulantes.

Inestabilidad: velocidad variable; puntos de las «íes» y barras de las «tes» en forma de guiones; elevada presión combinada con escritura irregular.

Iniciativa: sesgo hacia la derecha; escritura conexionada o desconexionada; presión leve combinada con una escritura regular; velocidad; originalidad.

Inteligencia: (véase la pág. 97.)

Inteligencia reproductiva: escritura conexionada; ausencia de originalidad (en especial de simplificación o de ornamentación).

Intrepidez: zonas superior e inferior de tamaño mayor del normal, pero zona media de tamaño normal; originalidad; naturalidad; buen espaciado.

Intuición: escritura desconexionada.

Inventiva: escritura desconexionada; simplificación; originalidad; buena distribución de los espacios; naturalidad.

Ira: trazos terminales y barras de las «tes» muy marcados; escritura alta y picuda.

Irascibilidad: altura variable de las letras; ángulos; puntos de las «íes» y barras de las «tes» situados muy arriba.

Irrefrenable afán de comunicación: interpretaciones negativas de los movimientos con tendencia hacia la derecha en la zona media; trazos terminales exagerados; escritura excesivamente conexionada; escritura ancha; líneas o renglones ascendentes; guirnaldas o hilos.

Irresolución: presión y sesgo variables; colocación variable de los puntos de las «íes» y de las barras de las «tes»; relativa lentitud.

Juiciosidad: prolongaciones hacia la zona superior combinadas con delgadez, escritura recta y angulosa.

Languidez: presión débil; líneas o renglones descendentes.

Largueza: escritura grande; interpretación-negativa del predominio de la zona superior.

Laxitud: presión débil; líneas o renglones descendentes.

Lealtad: sesgo recto o con tendencia hacia la izquierda; pastosidad.

Letargía: lentitud; guirnaldas en su interpretación negativa.

Locuacidad: líneas o renglones ascendentes; «oes» abiertas en la parte superior.

Lucidez: buena organización de los espacios; simplificación.

Madurez: simplificación; originalidad; naturalidad; buena distribución de los espacios.

Masculinidad: elevada presión combinada con una escritura regular.

Materialismo: predominio de la zona inferior (especialmente con bucles cargados de tinta); pastosidad en su interpretación negativa; interpretación negativa de la delgadez en la zona inferior.

Mentalidad analítica: escritura rasgada, buen espaciado; simplificación.

Metodicidad: líneas o renglones horizontales; barras de las «tes» y puntos de las «íes» cuidadosamente colocados; buena distribución de los espacios.

Miedo: presión leve; espaciado estrecho; trazos ascendentes rotos o interrumpidos en la zona superior.

Mimetismo: interpretación negativa de las conexiones en forma de hilos.

Moderación: escritura estrecha combinada con elevada presión; zonas superior e inferior de tamaño menor que el normal, pero zona media normal; escritura regular.

Modestia: escritura pequeña; mayúsculas pequeñas, naturalidad; simplificación.

Naturalidad: pastosidad; rapidez, guirnaldas.

Nerviosismo: cambios repentinos en la presión, velocidad y tamaño.

Neutralidad: escritura recta.

Obstinación: escritura afilada en su interpretación negativa.

Obstinación: trazos terminales o de final acentuados y en forma de gancho; elevada presión; barras de las «tes» marcadas y ganchudas.

Optimismo: líneas o renglones y barras de las «tes» ascendentes; puntos de las «íes» muy arriba; trazos firmes; escritura ancha y sesgada hacia la derecha.

Orden: márgenes equilibrados; escritura regular; buena distribución de los espacios.

Orgullo: escritura de tamaño grande; mayúsculas y firma de tamaño mayor que el normal; numerosos subrayados; margen de la izquierda amplio; escritura recta; exactitud en los cuatro márgenes; ornamentación.

Orgullo de casta: inicial del apellido grande; apellido mayor que el nombre; apellido mayor que el escrito en general.

Originalidad: ornamentación con buen gusto; simplificación; desviaciones legibles con respecto a la escritura de estilo imprenta.

Paciencia: puntos de las «íes» y barras de las «tes» colocados con precisión y exactitud; lentitud; curvas.

Pasión: trazos marcados; pastosidad; ángulos; tamaño grande; sesgo hacia la derecha.

Percepción: bastante rapidez; tamaño pequeño; buen espaciado vertical; la colocación de los puntos de las «íes» y de las barras de las «tes» interrumpe las conexiones entre las letras.

Perseverancia: líneas o renglones horizontales; ángulos, formas ganchudas.

Pesimismo: líneas o renglones descendentes; presión débil; puntos de las «íes» y barras de las «tes» poco marcados.

Precaución: estrechamiento del margen de la izquierda; margen de la derecha ancho; sesgo hacia la izquierda.

Progresismo: movimientos con tendencia hacia la derecha; ausencia de movimientos con tendencia hacia la izquierda; sesgo hacia la derecha o hacia adelante; puntos de las «íes» y barras de las «tes» muy arriba; líneas o renglones ascendentes.

Prudencia: puntos de las «des» y barras de las «tes» muy abajo y cuidadosamente colocados; lentitud; sesgo recto o hacia la izquierda; estrechamiento del margen izquierdo; amplio margen derecho.

Raciocinio: escritura conexionada.

Racionalidad: escritura recta; delgadez en la zona superior; simplificación; líneas o renglones rectos; barras de las «tes» firmes; puntos de las «íes» situados bajos.

Radicalismo: interpretación negativa del sesgo hacia la derecha; líneas o renglones ascendentes; puntos de las «íes» y barras de las «tes» muy arriba; ausencia de movimientos con tendencia hacia la izquierda.

Realismo: delgadez en la zona inferior; predominio de la zona inferior; tamaño pequeño combinado con regularidad.

Receptividad: presión elevada combinada con escritura irregular.

Reserva: arcadas; tendencias y movimientos hacia la izquierda; margen derecho ancho; margen inferior ancho; escritura recta; escritura estrecha combinada con elevada presión.

Resistencia: presión elevada combinada con una escritura regular.

Resistencia: presión elevada combinada con regularidad; ángulos; ganchos; barra de las «tes» firmes y descendentes.

Resolución: puntos de las «íes» y barras de las «tes» muy marcados y firmes (lo que se acentúa mediante formas ganchudas); bastante rapidez.

Respeto: puntos de las «íes» y barras de las «tes» situados muy abajo; simplificación; tamaño pequeño; trazo inicial de la *M* y de la *W* menor que los otros trazos.

Rudeza: formas carentes de gracia; manchas de tinta; presión elevada.

Sangre fría: delgadez (especialmente en la zona media); escritura estrecha combinada con elevada presión.

Secreto: arcada terminal con tendencia hacia la izquierda; conexiones en forma de arcadas; enroscamientos con tendencia hacia la izquierda en la zona superior.

Sentido del humor: trazos horizontales ondulados.

Sentido estético: letra estilo imprenta (especialmente las mayúsculas); buena distribución de los espacios.

Sentido práctico: prolongaciones en la zona superior en forma de rizos; breves trazos terminales o de final; prolongaciones exageradas en la zona inferior; prolongaciones restringidas en la zona superior; márgenes estrechos; estrechez de los espacios entre las palabras.

Sensibilidad: extremado sesgo hacia la derecha; líneas onduladas; elevada presión combinada con irregularidad.

Sensualidad: pastosidad; bucles cargados de tinta; plenitud o redondez en la zona inferior.

Seriedad: ausencia de trazos horizontales ondulados; ángulos; tamaño grande; regularidad; barras de las «tes» firmes.

Simpatía: movimientos con tendencia hacia la derecha en la zona media; guirnaldas; sesgo hacia la derecha; escritura ancha combinada con una presión leve.

Sinceridad: escritura ancha combinada con elevada presión; guirnaldas.

Sinceridad: (véanse las págs. 100-102).

Singularidad: desviaciones de la escritura estilo imprenta; ornamentación; numerosos subrayados; todo tipo de exageraciones (especialmente en las mayúsculas, la firma y la puntuación).

Sociabilidad: movimientos con tendencia hacia la derecha en la zona media; escritura conexionada; guirnaldas; sesgo hacia la derecha; escritura ancha combinada con elevada presión.

Sumisión: interpretación negativa de la presión leve combinada con regularidad; interpretación positiva del sesgo hacia la izquierda; escritura estrecha; regularidad; simplificación; tamaño pequeño; *I* mayúscula escrita en forma de i minúscula; trazos iniciales de la M y de la *W* menores que los restantes trazos; barras de las «tes» situadas muy abajo.

Superioridad: artificiosidad; ornamentación; tamaño grande; elevada presión; mayúsculas grandes (especialmente en las letras iniciales o de comienzo); firma mayor que el texto; numerosas florituras y subrayados (especialmente en la firma); I mayúscula de tamaño mayor que el normal; el segundo trazo de la *M* y el segundo y tercero de la *W* de tamaño mayor que el primer trazo.

Tacañería: ausencia de márgenes; trazos finales cortos o en forma de gancho; espaciado estrecho tanto entre las palabras como entre las líneas o renglones.

Tacto: óvalos cerrados; aumento de tamaño de las letras terminales o de final; escritura estrecha; tendencias rectas o hacia la izquierda.

Temor al compromiso: escritura recta; conexión en forma de hilos; presión desigual; formaciones de letras ambiguas; ángulo de escritura variable; variable énfasis en las distintas zonas.

Tenacidad: ganchos; ángulo; escritura afilada; elevada presión combinada con regularidad.

Timidez: amplio margen derecho; conexión en forma de hilos con florituras ocasionales (especialmente en la firma); ausencia de ornamentación; zonas superior e inferior de tamaño mayor que el normal.

Tolerancia: guirnaldas, tamaño pequeño; escritura recta; barras de las «tes» cortas.

Tradicionalismo: tendencias hacia atrás o hacia la izquierda; ornamentación; pastosidad; márgenes amplios; lentitud; regularidad.

Utopismo: interpretación negativa de la plenitud o redondez en la zona superior; interpretación negativa de una escritura desconexionada.

Valor: presión elevada (especialmente en los trazos terminales); buena distribución de los espacios.

Vanidad: artificiosidad; mayúsculas grandes; florituras (especialmente en la firma).

Versatilidad: originalidad; escritura desconexionada; conexiones en forma de hilos; modelos de escritura mezclados.

Visión: plenitud o redondez en la zona superior; puntos de las «íes» y barras de las «test» situados muy arriba; simplificación; buena distribución de los espacios.

Vitalidad: escritura afilada; presión elevada combinada con irregularidad; estrechez de los márgenes de la derecha; escritura ancha combinada con elevada presión; líneas o renglones rectos o ascendentes; rapidez.

Vivacidad: Rapidez; escritura ancha combinada con elevada presión; irregularidad; pastosidad; líneas o renglones ascendentes; puntos de las «íes», y barras de las «tes» colocados muy arriba y/o ascendentes; ornamentación.

Vulgaridad: artificiosidad; elevada presión; ornamentación; deficiente distribución de los espacios; mayúsculas mayores de lo normal; numerosos subrayados.

29

Tabla de características

Positivas	Negativas
actividad	desasosiego
adaptabilidad	superficialidad
adorno	ostentación
afabilidad	sumisión
afán de posesión	avaricia
agilidad	inestabilidad
agresividad	prepotencia
agudo	punzante
ahorro, capacidad de	carácter
alborozo	mezquindad
altruismo	irresponsabilidad
amabilidad	utopismo
ambición	sentimentalismo
amplitud de ideas	megalomanía
ascetismo	vulgaridad
autoafirmación	masoquismo
autoconfianza	petulancia
autoridad	engreimiento
	tiranía
benevolencia	laxitud
blandura	timoratez
brillantez	ampulosidad
broma	necedad
buen gusto	afectación
buen humor	manía

Positivas	Negativas
caballerosidad	ceremoniosidad
calidez, afectuosidad	untuosidad
carácter	desasosiego, desazón
capa	recelo
cauteloso	fanatismo
celo (por algo o alguien)	autonegación
condescendencia	autoritarismo
condición de mando	falsedad
conducta ética	negligencia
confianza	escrúpulos
consciencia	inmovilismo
conservadurismo	terquedad
constancia	egocentrismo
contemplatividad	inhibición
contención	inexpresividad
control emocional	destructividad
crítica	entremetimiento
curiosidad	
deleite	éxtasis
delicadeza	debilidad
demandas éticas	escrúpulos
desprendimiento	autonegación
determinación	implacabilidad
devoción	fanatismo
diplomacia	insinceridad
discrecion	deslealtad
discusión	polemización
distanciamiento	superioridad
distinción	insulsez
duda	indecisión
dureza	inhumanidad
elegancia, clase	artifíciosidad
elasticidad	inconstancia
elevación, sublimidad	impracticabilidad
ensimismamiento	distracción
entusiasmo	obsesión
erotismo	perversión

Positivas	Negativas
escrupulosidad	timoratez
espíritu de iniciativa	oportunismo
espiritualidad	beatería
exactitud	minuciosidad
excitabilidad	histeria
expresividad	charlatanería
fatiga	debilidad
felicidad	hedonismo
femineidad	masoquismo
firmeza, fijeza	inercia
flexibilidad	inconstancia
formalidad	formalismo
formulismo	amaneramiento
fortaleza	tosquedad
franqueza	indiscreción
generosidad	despilfarro
gentileza	remilgo
humildad	autonegación
humorista	irresponsabilidad
idealismo	utópico
imaginativo	fantasioso
impresionabilidad	sugestibilidad
independencia	insociabilidad
individualismo	anarquismo
informalidad	desconsideración
ingenio, imaginación	fantasiosidad
iniciativa	impetuosidad
intrepidez	aventurerismo
intuitivo	pensamiento inconsecuente
inventiva	listeza
ira	crueldad
juiciosidad	doctrinarismo
justificación	plausibilidad

Positivas	Negativas
languidez	indiferencia
largueza	extravagancia
lealtad	fanatismo
libertad	libertinaje
locuacidad	verborrea
madurez	cinismo
masculinidad	machismo
materialismo	prosaísmo
mentalidad analítica	criticismo destructivo
moderación, mesura	desvaído
modestia	cortedad
neutralidad	indiferencia
normalidad	prosaísmo
objetividad, tolerancia	desprejuiciamiento
optimismo	irrealismo
orden	ordenancismo
orgullo	vanidad
orgullo de casta	espíritu de clan
originalidad	caprichosidad
pasión	exceso emocional
perseverancia	obstinación
pesimismo	depresión
precavido	tímido, medroso
previsión, clarividencia	anticipación obsesiva
progresismo	afán por lo novedoso
prolijidad	premiosidad
prudencia	temor
racionalidad	aridez
receptividad	impresionabilidad
reflexión	teoricismo
reserva	frialdad
respetuosidad	servilismo
rutina	automatismo

Positivas	*Negativas*
seguridad	engreimiento
sencillez	negligencia
sensibilidad, delicadeza	debilidad
sentido estético	sensualismo
serenidad	frialdad
seriedad	aridez
servicialidad	servilismo
simpatía	emocionalidad
sinceridad	falta de tacto
singularidad	extravagancia
sometimiento, obediencia	autonegación
suavidad	laxitud
sufrido	masoquista
superioridad	arrogancia
tacto	hipocresía
tenacidad	obstinación
tolerancia	despreocupación
tranquilidad	indiferencia
visión, perspicacia	ensoñación, irrealidad
vitalidad	animalidad
vivacidad	excitabilidad
voluble	inestable

Bibliografía

Albertini, L.: *Lehrbuch der graphologie*, Stuttgart, 1932.

Allport, G. W.: *Personality-A Psychological Interpretation*, Nueva York. 1937.

Allport, G. W. & Vernon, P. E.: *Studies In Expressive Movement*, Nueva York, 1933.

Bagger, E. S.: *Psycho-graphology: a Study of Rafael Eschermann*, Londres, 1924.

Baldi, C.: *Tratta do come da una lettera missiva si conoscano la natura e qualita dello scriviente*, Bolonia, 1964.

Barratinskaya, M. S.: *Character as Revealed by Handwriting*, Londres, 1924.

Baughan, R.: *Character Indicated by Handwriting*, Londres, 1890.

Becker, M.: *Graphologie der Kindrhandschrift*, Friburgo, 1926.

Beroud, G.: *L'expertise des faux en écriture par alteration*, Lyon, 1923.

Berri, M de: *The secrets of the Alphabet: a Study in Graphology*, Nueva York, 1942.

Binet, A. L.: *Les Révélations de l'écriture d'après un controle scientifique,* París, 1906.

Bobertag, C.: *Ist die graphologie zuverlaessig?*, Heidelberg, 1929.

Booth, G. C: *How to Read Character In Handwriting*, Philadelphia, 1910.

Brooks, C. H.: *Your Character from your Handwriting*, Londres, 1946.

Bunker, M. N.: *Case Book Number One*, Instituto Americano de Grafoanálisis, Kansas City, 1936.

Byerly, T.: *Characteristic Signatures*, Londres, 1823.

Byram, J. H.: *Character*, Newjersey, 1935.

Buger, M.: *Die hand des kranken* (págs, 79-86), Munich, 1956.

Callewaert, H: *Physiologie de l'écriture cursive*, Desclée de Brower, Bruselas, 1937.

Carvalho, C: *Crime in Ink*, Nueva York, 1929.

Caspar, P., y Kugelgen, G. v: DICHTER IN DER HANDSCHRIFT, Hannover, 1937.

Crépieux-Jamin, J.: *L'écriture et le caractère*, Presses Universitaires de France, París, 1888.

— *Handwriting and Expression*, Londres, 1892.

— *Les elements de l'écriture des Canailles*, París, 1924.

— *L'Age et le Sex dans l'écriture*, París, 1925.

— *The Psychology of the Movements Of Handwriting*, Londres, 1926.

— *Abc de la graphologie*, París, 1930.

Davenport, B. F.: *Logical Analysis of Subscribed Signatures, Boston*, 1914.

Desbarolles, A.: *Systeme de graphologie*, París, 1875.

— *Methode Practique de graphologie*, París, 1878.

De Witt B. L.: *Handwriting and Character*, Philadelphia, 1925.

Donnini R.: *Il carattere rivelato della scrittura*, Perugia, 1925.

Douglas, A. W.: *What's in a signature?* Saint Louis, 1931.

Downey, J.: *Graphology and the Psychology of Handwriting*, Baltimore, 1919.

Duparchy Jeannez, M.: *L'Expression de maladie dans l'écriture*, París, 1919.

Duraud, M.: *De l'écriture en Miroir, étude sur l'écriture de La Main Gauche dans ses Rapports avec l'aphasie*, 1882.

Eaton, S.: *How to Read Character from Handwriting*, Boston, 1893.

Eng., H.: *The Psychology of Children's Drawings*, Nueva York, 1931.

Erlenmeyer, D.: *Die Schrift: Grundzuege ihrer physiologie und pathologie*, Stuttgart, 1879.

Erskine, L. G.: *Your Signature: What It Reveals*, Larchmont, 1931.

Fischer, O.: *Experimente mit Raphael Schermann*, Viena.1924.

Frazer, P.: A *Manual of The Study of Documents to Establish the Individual Character of Handwriting and to Detect Fraud and Forgery*, Philadelphia, 1894.

French, W. L.: *Thepsychology of Handwriting*, Londres, 1922.

Frith, H.: *How to read character in handwriting*, Tynron Press, Londres, 1889.

Furman, M., y Priv, Z. N.: *Handwriting and Character*, Londres, 1930.

Fursac, J. R. de: *Les ecrits et les dessins dans les maladies nerveuses et mentales*, París, 1905.

Gerstner, H.: *Lehrbuch der graphologie*, Celle, 1925.

Giraud, A.: *Petit dictionnaire de graphologie*, París, 1896.

Hagen, H. von: *Reading Character from Handwriting*, Nueva York, 1902.

Hegar, W.: *Graphologie par le trait*, París, 1938.

Heider, J.: *Exakte graphologie*, Berna-Leipzig, 1941.

Heiss, R.: *Die deutung der handschrift*, Hamburgo, 1943.

Hocquart, E.: *L'art de juger de l'esprit et du caractère des hommes sur leur écriture*, París, 1812.

Hughes, A. E.: *Self-analysis from your Handwriting*, Londres, 1966.

Jacoby, H.J.: *Handschriftund Sexualitaet*, Berlín, 1932.

— *Analysis of Handwriting: an Introduction into Saentiflc Graphology*, Londres, 1939.

— *Self-Knowledge Through Handwriting*, Nueva York, 1941.

Karfeld, K. P.: *Das Wunder der Handschrift*, Berlín, 1935.

Klages, L.: *Die probleme der graphologie*, Leipzig, 1910.

— *Ausdrucksbewegung Und Gestaltungs-Kraft*, Leipzig, 1913.

— *Einfuehrung In Die Psychologie Der Handschrift*, Heilbronn, 1924.

— *Die grundlagen der charakterkunde*, Leipzig, 1928.

— Handschrift und charakter: *gemeinverstaendlicher abriss der graphologischen technik*, Leipzig, 1940.

Koch, U.: *Trattato Scientifico De Grafología*, Bolonia, 1920.

Korff, E.: *Handschriftkunde Und Charakterekenntnis*, Bad Homburg, 1936.

Koster, R.: *Die Schrift bei Geisteskrankheiten*, Leipzig, 1903.

Langenbruch, M.: *Praktische Menschenkenntnis auf grund der Handschrift*, Berlín, 1929.

Lavater, J. K.: *Physiognomische fragmente*, Leipzig, 1774-78.

Lavay, J. B.: *Disputed handwriting*, Chicago, 1909.

Leibl, M.: *Grafologia psicologica*, Milán, 1935.

Lewinson, T. S., y Zubin, J.: *Handwriting Analysis: a Series of Scales for Evaluating the Dynamic Aspects of Handwriting*, Nueva York, 1942.

Lombroso, C: *Graphologia*, Hoepi, Milán, 1895.

— *Handbuch der Graphologie,* Leipzig, 1902.

Lumley, E.: *The art of Judging the Character of Individuals From.*

— *Theirh and Writing and Style*, Londres, 1875.

Marcuse, L.: *Applied Graphology*, Nueva York, 1945.

Margadant, S. V.: *Eine tiefen Psychologische Grundlage zur Klages'-Schen Graphologie*, Amsterdam, 1938.

Marguerite, R., y Marmheirn, M. J.: *Vincent Van Gogh im Spiegel Seiner Handschrift,* Basilea, 1938.

Mayer, G., y Schneickert, H.: D*ie Wissenschaftlichen Grundlagen der Grapho-loge*, Jena, 1940.

Mendel, A. O.: *Personality in Handwriting*, Nueva York, 1947.

Mendelsohn, A. & G.: *Der mensch in der Handschrift*, Leipzig, 1928.

Meyer, G.: *Die Wissenschaftlichen Grundlagen der Graphologie: Vorschule der Gerichtlichen Schriftvergleichung*, Jena, 1940.

Meyer, J.: *Mind your p's and q's*, Nueva York, 1927.

Michon, J. H.: *Systeme De Graphologie*, París, 1875.

— *La Metehode Practique De Graphologie*, París, 1878.

Morf, G.: *Praktische charakterkunde*, Berna, 1945.

Müller, W. H., y Enskat, A.: *Graphologische diagnostik*, Berna, 1961.

Myer, O. N.: *The Language of Handwriting*, Londres, 1958.

Newell, H. A.: *Your Signature- a guide to Character from Handwriting*, Londres, 1926.

Noel M.: *The Trail yoy Leave in Ink*, Kansas City, 1941-46.

Olyanowa, N.: *Handwriting Tells*, Nueva York, 1936.

— *The Psychology of Handwriting*, Nueva York, 1960.

Paisley, M. A.: *Problems In Cursive, Manuscript and Mirror Writing*, Winston-Salem, 1937.

Piscart, R.: *Échelle objective d'écriture*, Lovaina, 1939.

Pophal, R.: *Grundlegung der Bewegunsgsphysiologischen Graphologie*, Leipzig, 1939.

Preyer, W. T.: *Zur Psychologie des Schreibens*, Hamburgo, 1895.

Proskauer, G.: *Graphometrische Untersuchungen bei Gesunden, Schizophrenen Und Manisch-Depressiven*, Berlín, 1936.

Pulver, M.: *Trieb und Verbrechen in der Handschrift*, Zürich, 1934.

— *Symbolik der Handschrift*, Zürich, Leipzig, 1940.

— *Inteelligenz im Schriftausdruck*, Zurich, 1949.

Rand, H. A.: *Graphology*, Cambridge, Mass., 1947.

Reis, H.: *Die Handschrift-dein Charakter,* Siemens Verlag-Gesellschaft, 1950.

Rexford, G.: *What Handwriting Indicates*, Nueva York, 1904.

Rice, L.: *Character reading from handwriting*, Nueva York 1904.

Román, K. G.: *Handwriting: a key to personality*, Londres, 1954.

Rougemont, E. de: *Une Nouvelle Science Sociale, la Graphologie, Cours Gradue Professe au College Libre des Sciences Sociales*, París, 1932.

Sara, D.: *Handwriting: a personality guide*, Londres, 1969.

Saudek, R.: *The Psychology of Handwriting*, Londres, 1925-28.

— *Experiments with Handwriting*, Londres, 1928.

Schermann, R.: *Die Schrift Luegt Nicht*, Berlín, 1929.

— *Schicksale des lebens*, Berlín, 1932.

Schneidemuhl, G.: *Handschrift und Charakter: ein Lehrbuch der Handschriftenbeurteilung*, Leipzig, 1911.

Schneikert, H.: *Leitfaden der Gerichtlichen Schriftvergleichung*, Leipzig, 1918.

Schuler, R. A.: *Mussolini a Travers son Ecriture*, París, 1925.

Schultze-Naumburg, B.: *Handschrift und Ehe*, Munich, 1932.

Seeling, O.: *Zwillings individualitaet und Zwillingsgemeinschat*, Hamburgo, 1932.

Severino, M. A.: *Vaticinator, sive Tractatus de Divinatione Litterali* (Tratado del siglo XVII sobre la adivinación a través de las misivas.)

Silver, A. H.: *Graphograms for instant analysis of character through Handwriting*, Londres, 1928.

Singer, E.: *The Graphologist's Alphabet*, Londres, 1950.
— *Handwriting and Marriage*, Londres, 1953.
— *Personality in Handwriting*, Londres, 1954.
Smith, A. J.: *Applied Graphology*, Chicago, 1920.
Solange-Pellat, E.: *Les Lois de l'écriture*, París, 1927.
Sonnemann, U.: *Handwriting Analysis*, Nueva York, 1950.
Spencer, S.: *What Handwriting Reveals*, Nueva York, 1927.
Stern, W.: *Person Und Sache*, Leipzig, 1923.
Stocker, R. D: *Tehe Language Of Handwriting*, Nueva York, 1901.
Storey, A.: A *Manual of Graphology,* Londres, 1922.
Streletski, C: *Graphologie Du Practicien*, París, 1927.
Strelisker, G.: *Das Erlebnis Der Handschrift*, Leipzig/Viena/Berlín, 1934.
— *Die Deutbarkeit Der Schuelerhandschrift*, Hamburgo, 1932.
— *Krankheitsmerkmale in der Handschrift*, Hamburgo, 1932.
— *Selbstbespiegelung in der Handschrift*, Hamburgo, 1932.
— *Auch in der Kritzelei Liegt Ein Tieferer Sinn*, Berlín, 1931.
Tchang, T. M.: *L'écriture Chinoise et le Geste Humain: Éssai sur la Formation de l'écriture Chinoise*, Shangai, 1937.
Teillard, A.: *L'âme et L'écriture*, París, 1948.
— *Handschriftendeutung auf Tiefen psychologischer Grundlage*, Munich, 1952.
Teltscher, H. O.: *Handwriting: The Key to Successful Living*, Nueva York, 1942.
Thumm-Kintzel, M: *Psychology and Pathology of Handwriting*, Nueva York, 1905.
Trey, M. de: *Der Wille in der Handschrift*, Berna, 1946.
Ungern-Sternberg, 1. C: *Portrait Intime d'un Écrivain d'après Six Lignes de son Écriture*, París, 1898.
Vanzanges, L. M.: *L'Écriture des Musicians Célèbres*, París, 1913.
— *L'Écriture des Créateurs Intellectuels*, París, 1926.
Vertesi, E.: *Handschrift und Eigenart der Krebsgefaetrdeten*, Budapest, 1939.
Victor, F.: *Handwriting: a Personality Projection*, Springfield, 1952.
Wieser, R.: *Der Rhythmus in der verbrecherhandschrift systematisch dargestellt an 694 schriften krimineller und 200 schriften krimineller und 200 schriften nicht-kriminiller,* Leipzig, 1938.
Wittlich, B.: *Handschrift und Erziehung*, Berlín/Leipzig, 1940.
— *Angewandte graphologie*. Berlín Occidental, 1951.
Wolff, W.: T*he Expression of Personality: Experimental depth Psychology*, Nueva York, 1943.
— *Diagrams of the Unconscious,* Nueva York, 1948.
Wormser, P.: *Die Beurteilung der Handschrift in der Psychiatrie*, Zurich, 1947.

Relación de Figuras

Sobre el autor

Albert E. Hughes contó con distintas acreditaciones o títulos que lo convirtieron en uno de los más prestigiosos grafólogos del siglo xx, y sus tratados se convirtieron en referencia para el estudio de la Grafología.

Fue diplomado en Grafología y Psicología, B.A., así como miembro de la International Association for Research in Fate Analysis, en Zurich.

Su libro *A Guide to Handwriting and what it Reveals* ha sido traducido a múltiples idiomas y se convirtió en un éxito de ventas internacional. Traducido al español como *Guía práctica de grafología*, ha sido publicado por editorial Edaf con éxito durante décadas.